キミの心《こころ》と頭《あたま》を強《つよ》くする！

ドラえもんに学《まな》ぶ 偉《い》人《じん》のことば

小学館

はじめに

こんにちは、齋藤孝《さいとうたかし》です。ぼくは『ドラえもん』が大好《だいす》きです。このまんがには、どの話《はなし》にもひみつ道具《どうぐ》が出《で》てきて、それがおもしろいストーリーになっている。これはとてもすごいこと。自分《じぶん》ならどのひみつ道具《どうぐ》がほしいかな？　と考《かんが》えるのも楽《たの》しい。

そして、ドラえもんやのび太《た》のことばがいいんです。「人《ひと》にできて、きみだけにできないなんてことあるもんか。」（ドラえもん）といわれると、なんだか元気《げんき》がわいてきます。

ぼくは小学生《しょうがくせい》のころ、まんがと伝記《でんき》が好《す》きでした。好《す》きなまんがのセリフは今《いま》でも覚《おぼ》えているくらい、たくさん心《こころ》に残《のこ》っています。学校《がっこう》の図書館《としょかん》では、偉人《いじん》たちの伝記《でんき》をかたっぱしから読《よ》みました。苦《くる》しいときを経《へ》て大発見《だいはっけん》をとげたり、悲《かな》しい思《おも》いをかかえながら多《おお》くの人《ひと》の役《やく》に立《た》ったり。そういう話《はなし》を読《よ》むと「自分《じぶん》もがんばろう！」と思《おも》えて、まっすぐな向上心《こうじょうしん》が体《からだ》の内《うち》側《がわ》からわきあがるのを感《かん》じました。

ドラえもんを読《よ》んでいると、「あの偉人《いじん》もこんなことをいっていたな」と思《おも》い出《だ》すことがあります。

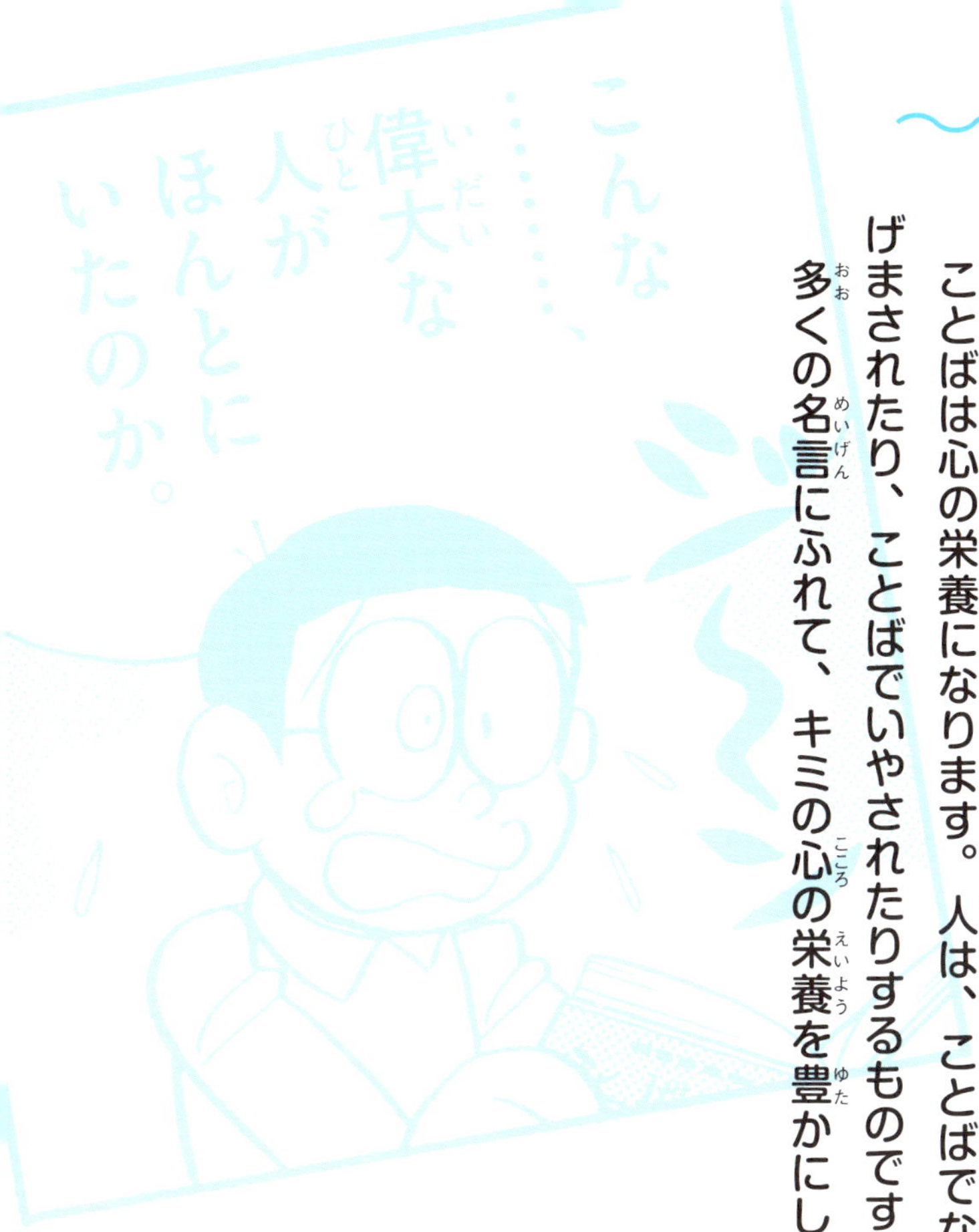

というこ とは、ドラえもんのことばと偉人《いじん》のことばをセットにしたら、最強《さいきょう》なんじゃないか!? 何百年《なんびゃくねん》、何千年前《なんぜんねんまえ》の人《ひと》のことばとドラえもんのことばがつながったら、まんがを楽《たの》しみながら歴史《れきし》の勉強《べんきょう》にもなる!

そう思《おも》ってできたのが、この本《ほん》です。

たくさんの偉人《いじん》を知《し》ってもらいたいと思《おも》って、90人《にん》のことばを集《あつ》めました。この中《なか》から、キミの将来《しょうらい》の夢《ゆめ》や目標《もくひょう》のヒントが見《み》つかるかもしれません。

また、だれかに話《はな》したくなる偉人《いじん》のいろんなエピソードも紹介《しょうかい》しています。学《がっ》校《こう》や家《いえ》でぜひ話《はな》してみてください。

ことばは心《こころ》の栄養《えいよう》になります。人《ひと》は、ことばでなぐさめられたり、ことばではげまされたり、ことばでいやされたりするものです。

多《おお》くの名言《めいげん》にふれて、キミの心《こころ》の栄養《えいよう》を豊《ゆた》かにしましょう。

齋藤《さいとう》 孝《たかし》

この本《ほん》について

この本《ほん》では、
『ドラえもん』の名場面《めいばめん》コマとともに
偉人《いじん》のことばが学《まな》べるよ。
また、『ドラえもん』で特《とく》に印象的《いんしょうてき》な
まんが3本《ぼん》も楽《たの》しめる。
最初《さいしょ》から順《じゅん》に読《よ》んでもいいし、
気《き》になるところから
読《よ》んでもいい。

心《こころ》が動《うご》いた偉人《いじん》のことばを
見《み》つけたら、
声《こえ》に出《だ》して読《よ》んでみよう。
ことばには言霊《ことだま》という、
力《ちから》が宿《やど》るといわれている。
偉人《いじん》がことばに込《こ》めた思《おも》いを声《こえ》に出《だ》すことで
体《からだ》にしみ込《し》ませて、
自分《じぶん》の力《ちから》に変《か》えるんだ。

ドラえもんの
コマと説明《せつめい》を読《よ》んでから、
偉人《いじん》のことばを読《よ》み、
解説《かいせつ》と偉人《いじん》の
プロフィールを読《よ》む。

この人《ひと》は、
どういう人生《じんせい》を送《おく》り、
何《なに》を大切《たいせつ》にして
生《い》きていたのか。
それがわかると、
ことばの意味《いみ》がスーッと
体《からだ》の中《なか》に入《はい》ってくるはず。
「腹落《はらお》ちする」ともいうよ。

その人物《じんぶつ》のことが
もっと知《し》りたくなったら、
図書館《としょかん》などで調《しら》べたり、
大人《おとな》に聞《き》いてみたりしよう。
キミの心《こころ》と頭《あたま》が
強《つよ》くなっていくよ。

偉人《いじん》プロフィール
偉人《いじん》の生没年《せいぼつねん》と活動《かつどう》や作品《さくひん》などを簡潔《かんけつ》に紹介《しょうかい》している。

ドラえもん名場面《めいばめん》コマ
まんが『ドラえもん』から選《え》りすぐった名場面《めいばめん》コマ。

シーンタイトル
どんな場面《ばめん》かが一目《ひとめ》でわかる。

カテゴリ
幸《しあわ》せ、勇気《ゆうき》、人生《じんせい》、日常《にちじょう》のカテゴリがあるよ。

齋藤先生《さいとうせんせい》の解説《かいせつ》
偉人《いじん》のことばの意味《いみ》や、その背景《はいけい》にあること、名《めい》場面《ばめん》コマとのつながりなどを説明《せつめい》しているよ。

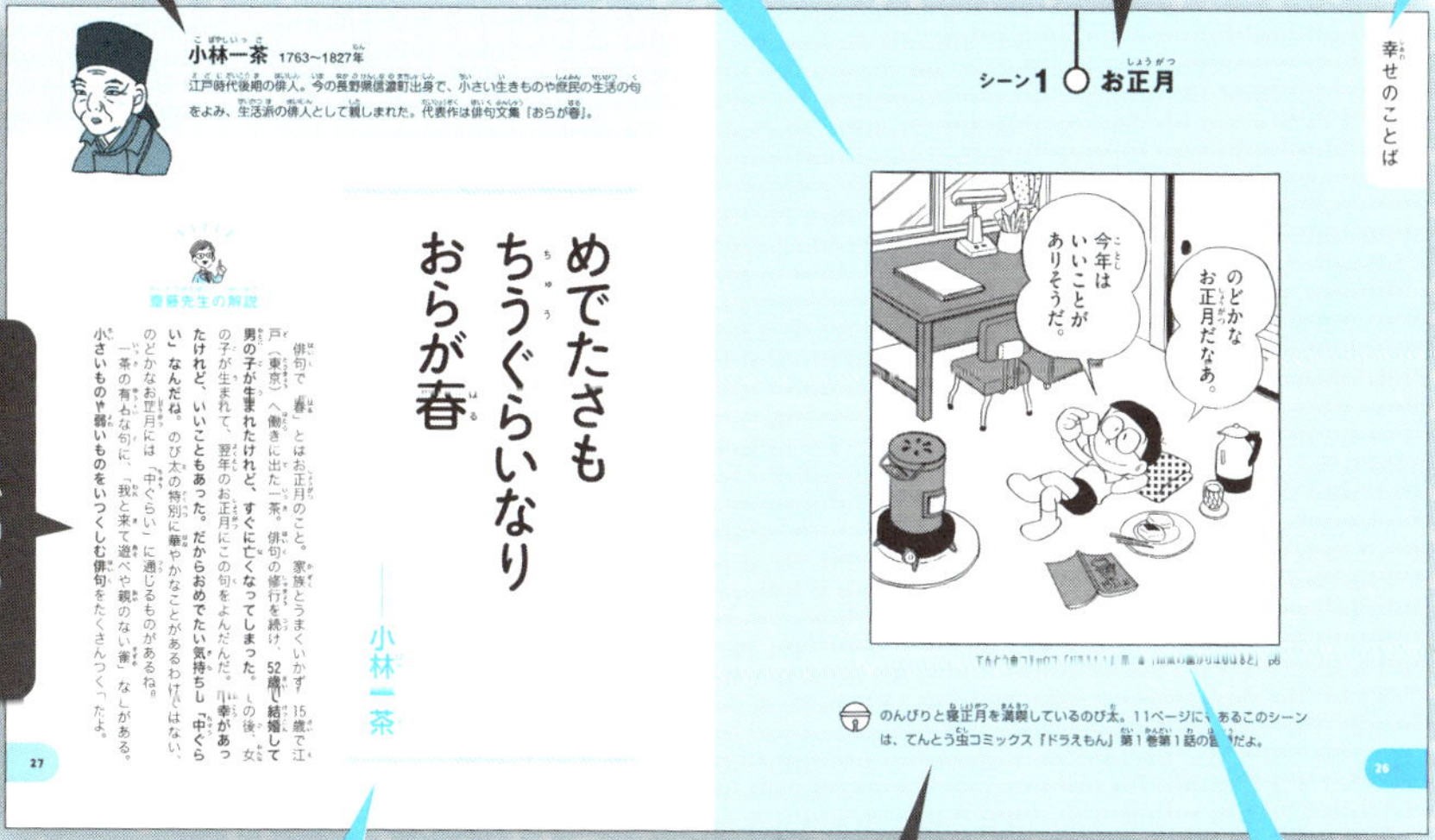

小林一茶 1763〜1827年
齋藤先生の解説
めでたさもちゅうぐらいなりおらが春
小林一茶
シーン1 お正月
幸せのことば
のどかなお正月だなあ。
今年はいいことがありそうだ。

偉人《いじん》のことば
齋藤先生《さいとうせんせい》がみんなに知《し》ってほしいと思《おも》うことばを紹介《しょうかい》。出典《しゅってん》は238〜239ページにあるよ。

名場面《めいばめん》コマの説明《せつめい》
紹介《しょうかい》されているシーンの背景《はいけい》の簡単《かんたん》な説明《せつめい》。

まんがの出典《しゅってん》
まんが『ドラえもん』の、どの本《ほん》にのっているかが書《か》かれている。

もくじ

幸《しあわ》せのことば 25

勇気《ゆうき》のことば 49

日常《にちじょう》のことば

・読みやすさを考え、現代かなづかいにしているものもあります。
・名称は一般的な呼び方で表記しています。
・名前はすべて敬称略です。
・出来事やいいつたえには諸説あるものもあります。
・この本の情報は2024年9月現在のものです。
・偉人のことばのふりがなは編集部でつけたものもあります。

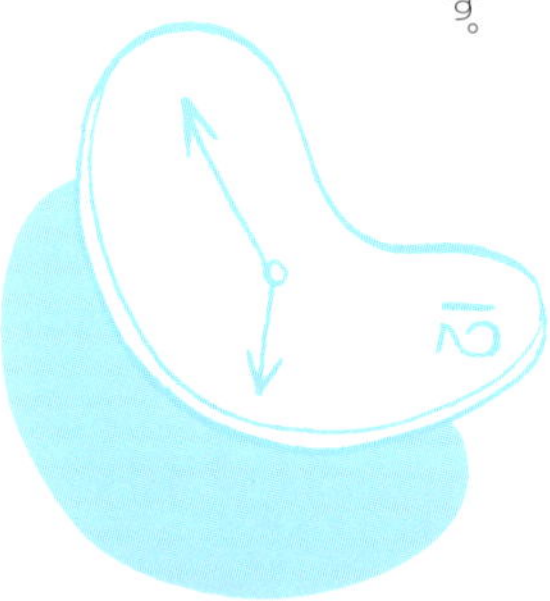

はじまり、はじまり〜!

未来《みらい》の国《くに》からはるばると

のどかなお正月《しょうがつ》だなあ。
今年《ことし》はいいことがありそうだ。
いやあ、ろくなことがないね。
野比《のび》のび太《た》は三十分後《ぷんご》に首《くび》をつる。
四十分後《ぷんご》には火《ひ》あぶりになる。
だれだ、へんなこというやつは。
でてこいっ。
………だれもいない。
気《き》もち悪《わる》いなあ。
ゴト
ガタ
ゴト

ぼくだけど。
気《き》にさわったかしら。
ワッ
だ、だれだっ!?
どこからきたんだ。
なにしに……。
ど、ど、どうしてこんなところから……。
いっぺんに聞《き》かれてもこまるな。
そんなこと、どうでもいいじゃない。
ぼくはきみをおそろしい運命《うんめい》からすくいにきた。
三十分後《ぷんご》に首《くび》つり、四十分後《ぷんご》に火《ひ》あぶり?
そんなのたいしたことじゃない。
きみは年《とし》をとって死《し》ぬまで、ろくなめにあわないのだ。
エーッ!!
でたらめいうな!!人《ひと》の運命《うんめい》なんか、わかってたまるか!!
それがわかるんだ。
どうしてわかるかというとだね。
ウ、ウン……。

なに、これ?
おもち。
うまいもんだなあ。
パクパク
生《う》まれてはじめて食《た》べた。
どうもごちそうさま。
なんだあ、あいつ。
たしかここから……
?
アハハハ!! ばかばかしいや。ぼくはゆめを見《み》ていたんだ。
ぼくが首《くび》なんかつるわけがないじゃないの。
アハハ、じいつにくうだらない。
おうい、ドラえもん。

あれっドラえもんは？
ドラえもんに話《はなし》は聞《き》いたろ。
きょうからドラえもんがめんどう見《み》るよ。
ぼくがついてればいいんだけど、いそがしいもんでね。
あいつもできのいいロボットじゃないけど、おじいさんよりはましだろ。
おじいさんはなにをやらせてもだめなんだもの。
勉強《べんきょう》もだめ、スポーツもだめ、じゃんけんさえ勝《か》ったことがない。
だから、おとなになってもろくなめにあわないんだ。
でも、これからはドラえもんがついてるから安心《あんしん》しな、おじいさん。
ちょっと待《ま》てよ。おじいさんて、だれのこと？
だれのこと？
ドラえもんに聞《き》かなかったの？
やあ、ごめん。

ぼくらは未来《みらい》の世界《せかい》の者《もの》だ。
「タイムマシン」でできたら、出口《でぐち》がつくえの中《なか》にひらいちゃってね。
なんのこと?
セワシくんはのび太《た》くんの孫《まご》の孫《まご》なんだ。
だから、きみはぼくのおじいさんのおじいさん。
ぼくはまだ子《こ》どもだぞ。子《こ》どもに孫《まご》があるもんか。
頭《あたま》悪《わる》いな。
な。
あのね……、きみだっていつかは大人《おとな》になるだろう。
うん。
そしたらおよめさんをもらうだろ。
そうかしら。
もらうんだよ、十九年後《ねんご》に。
ほんとかい!?
あ、相手《あいて》はだれ?
しずちゃんじゃない?
ジャイ子《こ》とかいったっけな。
ジャイ子《こ》!?
ジャイアンの妹《いもうと》の?

そ、そんなばかな!!
いやだよ、ぼく。
あの子《こ》きらい。
ぼくにもんくいわれてもこまる。
アルバム見《み》せようか。
ジャーン
きみの結婚《けっこん》写真《しゃしん》。
その後《ご》の生活《せいかつ》。
ジャジャーン
うそだあ!!
帰《かえ》れ!!

ババン　バン
そんなでたらめ信《しん》じないぞ。
どうした。
のび太《た》ちゃん!!
こわいゆめを見《み》たのね。かわいそうに、おお、よしよし。
こんなとこから、人《ひと》がでるわけないだろう、アハハハハ。
のび太《た》はきっとしあわせになれるよ。
よけいな心配《しんぱい》しないで、のびのびと育《そだ》ってね。
しかし、たいした空想力《くうそうりょく》だ。

まんが家《か》になれば、成功《せいこう》するかもしれんぞ。
だけど………、ほんとにゆめかな。
三十分後《ぷんご》に首《くび》つり。
あと一分《ぷん》しかない。
いま、ぼくは首《くび》をつりたいか?
つりたくない。
つりたくない者《もの》が、つるわけない。
やっぱりでたらめだ。
これではっきりした。
のび太《た》さあん。
やあ、しずちゃん。
ハネをとって。
よ、よ、よしきた。

あっ!!
ツルリ
ワーッ
やあ首《くび》つりだ、ガハハハ。
あ、あたった!! 三十分後《ぷんご》の首《くび》つり。
え? なんのこと。
いっしょにやらない?
ハネつきか、ウーン……。
よしなよ、負《ま》けるに決《き》まってるのに、さそっちゃかわいそうだよ。
なんだと!?
いいの? 落《お》としたら、スミだよ。
うるさい、さあこい!!

こんなまっくろにしなくてもいいだろ。
おまえなんか、ぜったいにもらってやらないからな!!
まあっ!!しつれいしちゃう。
だれだ、ジャイ子《こ》をなかしたのは。
ブジョクされたあ。
四十分後《ぶんご》に火《ひ》あぶり……。
いくらなんでも……、
そればっかりはないでしょう。
キャッ、はやく着《き》がえなさい。
ドポ

これも一種《いっしゅ》の火《ひ》あぶり……。あたった。
なにいってるの。
こ、こ、これにはぼくの未来《みらい》がうつっている。
一九七九年《ねん》……。
あるぞ
くじけるな
大学入試《だいがくにゅうし》らくだい なぐさめパーティー
1988年《ねん》 しゅうしょくできなくて 自分《じぶん》で会社《かいしゃ》をはじめ
1993年《ねん》 会社《かいしゃ》丸《まる》やけ記念《きねん》
花火
1995年《ねん》 会社《かいしゃ》つぶれ 借金《しゃっきん》取《と》りおしかけ記念《きねん》

もうたくさんだ!!
きみののこした借金《しゃっきん》が大《おお》きすぎて、百年《ひゃくねん》たっても返《かえ》しきれないんだよ。
だから、ぼくのうちはとってもびんぼうで……………、
今年《ことし》のお年玉《としだま》がたった五十円《えん》。
すまないなあ。きみたち子孫《しそん》にまでめいわくをかけて……。
ぼ、ぼくは……、
ぼくはもう、生《い》きてるのがいやになっちゃった。
そんなに気《き》を落《お》とすなよ。
運命《うんめい》は、変《か》えることだってできるんだから。
ほんと!?
ぼくらはそのためにきたんだ。
しかし……。
考《かん》えてみるとやっぱりおかしい。

ぼくの運命《うんめい》が変《か》わったら、きみは生《う》まれてこないことになるぜ。
心配《しんぱい》はいらない。ほかでつりあいとるから。
歴史《れきし》の流《なが》れが変《か》わっても、けっきょくぼくは生《う》まれてくるよ。
たとえば、きみが大阪《おおさか》へ行《い》くとする。いろんな乗《の》りものや道《みち》すじがある。
東京
大阪
だけど、どれをえらんでも、方角《ほうがく》さえ正《ただ》しければ大阪《おおさか》へ着《つ》けるんだ。
このドラえもんがつきっきりで…、めんどう見《み》てやるよ。
よろしく、よろしく。
わかってくれて、よかった。
せっかくきたんだ、20世紀《せいき》の町《まち》を見物《けんぶつ》したいな。
はやく帰《かえ》らないと、ママがうるさいぜ。
じゃ、これでまわろう。

てんとう虫コミックス『ドラえもん』第1巻「未来の国からはるばると」

シーン1 お正月《しょうがつ》

てんとう虫コミックス『ドラえもん』第1巻「未来の国からはるばると」 p6

のんびりと寝正月《ねしょうがつ》を満喫《まんきつ》しているのび太《た》。11ページにもあるこのシーンは、てんとう虫《むし》コミックス『ドラえもん』第《だい》1巻《かん》第《だい》1話《わ》の冒頭《ぼうとう》だよ。

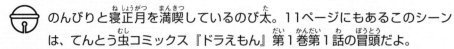

小林一茶《こばやしいっさ》　1763〜1827年《ねん》

江戸時代後期《えどじだいこうき》の俳人《はいじん》。今《いま》の長野県信濃町《ながのけんしなのまち》出身《しゅっしん》で、小《ち》さい生《い》きものや庶民《しょみん》の生活《せいかつ》の句《く》をよみ、生活派《せいかつは》の俳人《はいじん》として親《した》しまれた。代表作《だいひょうさく》は俳句文集《はいくぶんしゅう》『おらが春《はる》』。

めでたさも
ちう《ちゅう》ぐらいなり
おらが春《はる》

——小林一茶《こばやしいっさ》

齋藤先生《さいとうせんせい》の解説《かいせつ》

俳句《はいく》で「春《はる》」とはお正月《しょうがつ》のこと。家族《かぞく》とうまくいかず、15歳《さい》で江戸《えど》（東京《とうきょう》）へ働《はたら》きに出《で》た一茶《いっさ》。俳句《はいく》の修行《しゅぎょう》を続《つづ》け、**52歳《さい》で結婚《けっこん》して男《おとこ》の子《こ》が生《う》まれたけれど、すぐに亡《な》くなってしまった。**その後《ご》、女《おんな》の子《こ》が生《う》まれて、翌年《よくとし》のお正月《しょうがつ》にこの句《く》をよんだんだ。**不幸《ふこう》があったけれど、いいこともあった。だからおめでたい気持《きも》ちも「中《ちゅう》ぐらい」なんだね。**のび太《た》の特別《とくべつ》に華《はな》やかなことがあるわけではない、のどかなお正月《しょうがつ》には「中《ちゅう》ぐらい」に通《つう》じるものがあるね。

一茶《いっさ》の有名《ゆうめい》な句《く》に、「我《われ》と来《き》て遊《あそ》べや親《おや》のない雀《すずめ》」などがある。**小《ちい》さいものや弱《よわ》いものをいつくしむ俳句《はいく》**をたくさんつくったよ。

シーン2 幸《しあわ》せとは…？

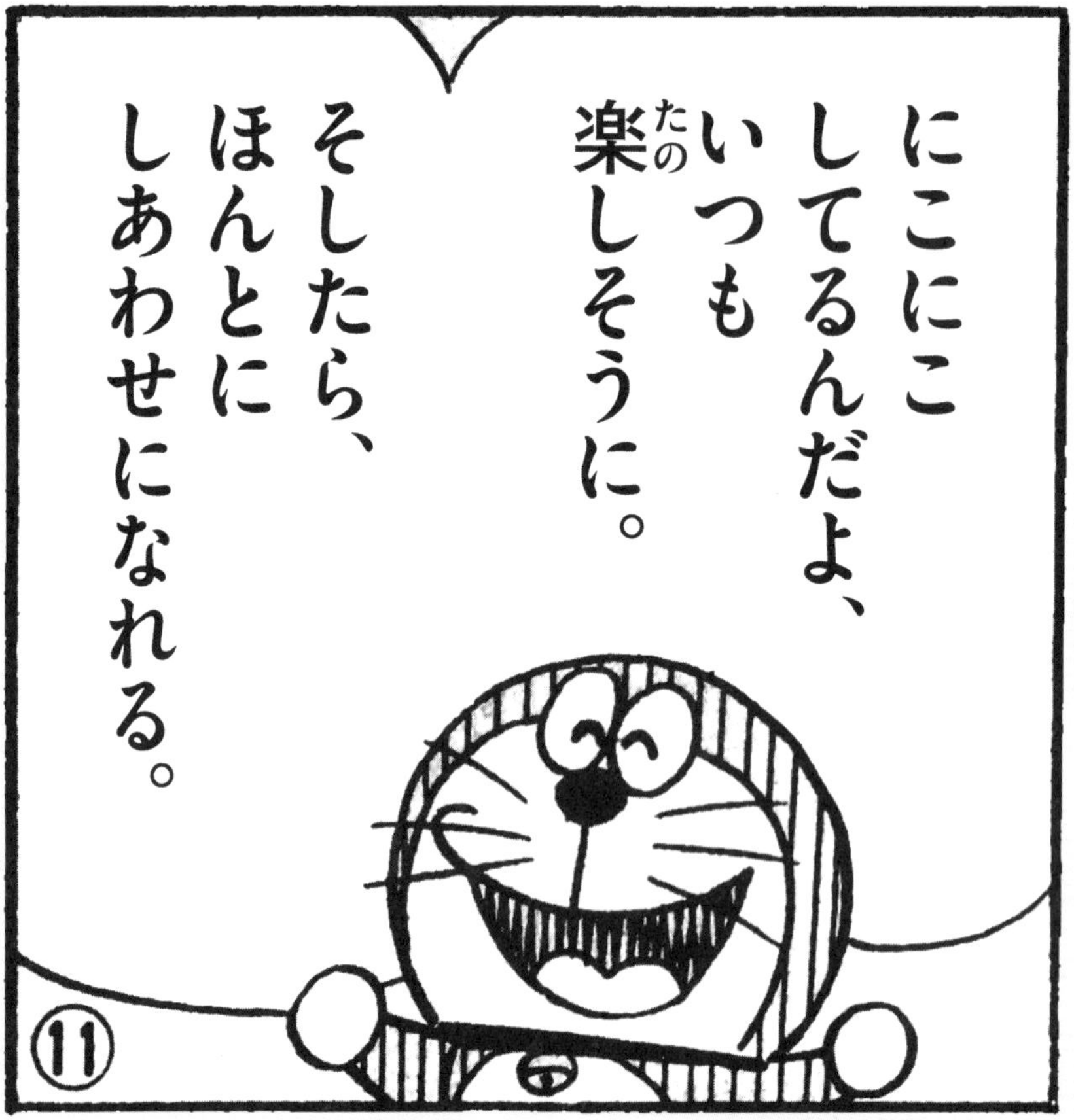
にこにこしてるんだよ、
いつも楽《たの》しそうに。
そしたら、
ほんとにしあわせになれる。
⑪

藤子・F・不二雄大全集『ドラえもん3』「しあわせカイロでにっこにこ」 p382

このごろ、おもしろくないんだといって、元気《げんき》のない様子《ようす》ののび太《た》。そんなのび太《た》にドラえもんがアドバイスするシーン。

アラン（**本名《ほんみょう》：エミール=オーギュスト・シャルティエ**） 1868〜1951年《ねん》

フランスの哲学者《てつがくしゃ》、評論家《ひょうろんか》。著作《ちょさく》『幸福論《こうふくろん》』は、スイスのヒルティ、イギリスのラッセルの同名書《どうめいしょ》とともに「三大幸福論《さんだいこうふくろん》」とされている。アランはペンネーム。

しあわせだから
笑《わら》っているのではない。
むしろぼくは、
笑《わら》うからしあわせなのだ、
と言《い》いたい。

——アラン

齋藤先生《さいとうせんせい》の解説《かいせつ》

イヤなことが続《つづ》くと、なんとなく「いいことなんてない」と考《かんが》えてしまいがち。悪《わる》いことばかり考《かんが》えているのはつらいよね。

よくない感情《かんじょう》に引《ひ》きずられそうになったとき、**自分《じぶん》で自分《じぶん》の気持《きも》ちを切《き》りかえる方法《ほうほう》がある。**アランは、その方法《ほうほう》は**「笑《わら》うことだ」**といっているよ。**「幸《しあわ》せ」と「笑《わら》うこと」の順番《じゅんばん》を逆《ぎゃく》にするんだ。**

また、アランは、**悲《かな》しくなるのは気分《きぶん》であり、楽《たの》しくなるのは意志《いし》である**ともいっている。つまり、意志《いし》をもたないと、人《ひと》は悲《かな》しい気分《きぶん》のまま。雨《あめ》が降《ふ》ってもがっかりせず、「お気《き》に入《い》りの傘《かさ》をさそう！」「植物《しょくぶつ》が喜《よろこ》びそう！」と考《かんが》えるクセをつけるといいよ。

シーン3 明《あか》るい気持《きも》ち

「笑《わら》う門《かど》には福《ふく》きたる」
ってしってるか。
気《き》もちを
明《あか》るく
もってれば
なんでも
うまくいく。
ショボくれてちゃ
それこそ不幸《ふこう》をよび
よせてるようなもんだ。

てんとう虫コミックス『ドラえもん』第12巻「よかん虫」 p37

イヤなことが起《お》こりそうな気《き》がすると、しょんぼりしているのび太《た》をはげますドラえもん。この後《あと》、予感《よかん》したことが現実《げんじつ》になる「よかん虫《むし》」が登場《とうじょう》するよ。

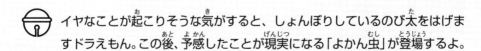

アンネ・フランク　1929〜1945年《ねん》

ドイツでユダヤ人《じん》として生《う》まれたアンネは、ナチスからのがれるため、かくれ家《が》で生活《せいかつ》し、日記《にっき》をつづった。その『アンネの日記《にっき》』は世界中《せかいじゅう》で読《よ》まれている。

あなたの周囲《しゅうい》にまだ残《のこ》っている、あらゆる美《うつく》しいもののことを考《かんが》えるのよ。そうすればしあわせになれるわ！

——アンネ・フランク

齋藤先生《さいとうせんせい》の解説《かいせつ》

アンネが生《い》きた第二次世界大戦《だいにじせかいたいせん》（1939〜1945年《ねん》）のころ、ユダヤ人《じん》はドイツの政党《せいとう》・ナチスに苦《くる》しめられていたんだ。そのため、ユダヤ人《じん》のアンネ一家《いっか》は**2年《ねん》もの間《あいだ》、かくれ家《が》で不自由《ふじゆう》な生活《せいかつ》をしいられていたよ。**アンネのお母《かあ》さんは、もっと不幸《ふこう》な人《ひと》もいるんだからそうでないことに感謝《かんしゃ》しなさいというけれど、アンネは、**自然《しぜん》や太陽《たいよう》の光《ひかり》といった美《うつく》しいものを感《かん》じることで幸《しあわ》せな気持《きも》ちになれる**のだといっているんだ。ドラえもんも気持《きも》ちを明《あか》るくもとうといっている。**自分《じぶん》の命《いのち》すら危《あぶ》ない状況《じょうきょう》の中《なか》、気持《きも》ちを美《うつく》しいもので満《み》たしたアンネ。**なかなかできることではないよね。

シーン4 だれかの幸福《こうふく》

てんとう虫コミックス『ドラえもん』第16巻「りっぱなパパになるぞ！」 p40

タイムマシンで未来《みらい》の自分《じぶん》に会《あ》いに行《い》ったのび太《た》。未来《みらい》の自分《じぶん》から、さえない毎日《まいにち》だけど大切《たいせつ》な家族《かぞく》を幸《しあわ》せにしたいという決意《けつい》を聞《き》くよ。

西郷隆盛《さいごうたかもり》 1827〜1877年《ねん》

幕末《ばくまつ》、明治初期《めいじしょき》に活躍《かつやく》した明治維新《めいじいしん》の指導者《しどうしゃ》。薩摩藩《さつまはん》（今《いま》の鹿児島県《かごしまけん》）の武士《ぶし》の出身《しゅっしん》。明治維新《めいじいしん》で江戸幕府《えどばくふ》を倒《たお》し、明治新政府《めいじしんせいふ》を立《た》ち上《あ》げ、近代日本《きんだいにほん》の礎《いしずえ》を築《きず》いた。

天《てん》は他人《たにん》も自分《じぶん》も平等《びょうどう》に愛《あい》しているから、自分《じぶん》を愛《あい》する心《こころ》で人《ひと》を愛《あい》することが大事《だいじ》である。

※現代語訳《げんだいごやく》

——西郷隆盛《さいごうたかもり》

齋藤先生《さいとうせんせい》の解説《かいせつ》

西郷隆盛《さいごうたかもり》は、近代日本《きんだいにほん》の基礎《きそ》を築《きず》いた指導者《しどうしゃ》。江戸時代《えどじだい》、日本《にほん》は外国《がいこく》との交流《こうりゅう》をきびしく制限《せいげん》していたけど、１８５３年《ねん》、アメリカが開国《かいこく》をせまった。**混乱《こんらん》する日本《にほん》で、西郷《さいごう》たちが江戸時代《えどじだい》を終《お》わらせ、明治政府《めいじせいふ》を立《た》ち上《あ》げたんだ。この革命《かくめい》を「明治維新《めいじいしん》」というよ。**

このことばは、西郷《さいごう》が大切《たいせつ》にしていたことば**「敬天愛人《けいてんあいじん》」**が色濃《いろこ》く表《あらわ》れたもの。**敬天愛人《けいてんあいじん》とは、天《てん》を敬《うやま》い、人《ひと》を愛《あい》しなさい、という意味《いみ》**だよ。自分《じぶん》も人《ひと》も同《おな》じように愛《あい》せという西郷《さいごう》には、**深《ふか》い人間愛《にんげんあい》があったからこそ、強《つよ》いリーダーシップがとれたんだ。**未来《みらい》ののび太《た》も、家族《かぞく》への愛《あい》にあふれているね。

シーン5 それで十分《じゅうぶん》

いま、ぼくたちはしあわせなんだから、それでじゅうぶんさ。
ふたりともやっぱり、なかよしなんだね。

てんとう虫コミックス『ドラえもん』第1巻「プロポーズ作戦」 p151

せっかくの結婚記念日《けっこんきねんび》に、ささいなことでケンカしたパパとママ。心配《しんぱい》するドラえもんとのび太《た》をよそに、いつの間《ま》にか仲直《なかなお》りしていてホッとしているよ。

老子《ろうし》 **生没年不詳**《せいぼつねんふしょう》

古代中国《こだいちゅうごく》の思想家《しそうか》。「老子《ろうし》」は「偉大《いだい》な先生《せんせい》」という意味《いみ》。自然《しぜん》のままに生《い》きることで、成功《せいこう》したり、安《やす》らぎが得《え》られたりすると説《と》いた。著書《ちょしょ》の名《な》も『老子《ろうし》』。

足《た》るを知《し》る

老子《ろうし》

齋藤先生《さいとうせんせい》の解説《かいせつ》

人間《にんげん》の欲望《よくぼう》は限《かぎ》りがなくて、**あらゆるものを手《て》に入《い》れても「もっとほしい」となりがち**だよね。老子《ろうし》は、**今《いま》あるもので満足《まんぞく》すること、満《み》たされているなあと感《かん》じることが大切《たいせつ》**だといっているよ。たくさん持《も》っていても「足《た》りない」と感《かん》じる人《ひと》は心《こころ》が乱《みだ》れがちだけど、多《おお》くを持《も》っていなくても「足《た》りている」と感《かん》じられる人《ひと》は心《こころ》がおだやかでいられるんだ。のび太《た》のパパとママがそうだよね。

老子《ろうし》は、**たくさんのものを持《も》っていることが豊《ゆた》かで幸《しあわ》せなのではない、満足《まんぞく》を知《し》ることが心《こころ》の豊《ゆた》かさであり、人《ひと》としての幸《しあわ》せである**と説《と》いているんだよ。

シーン6 だれかのために

泣《な》くなよ、パパのためにやってくれたんだもの、うれしいよ。

てんとう虫コミックス『ドラえもん』第2巻「地下鉄をつくっちゃえ」 p137

パパのために、「穴《あな》ほり機《き》」で、家《いえ》から会社《かいしゃ》までの地下鉄《ちかてつ》をつくったのび太《た》とドラえもん。失敗《しっぱい》したけど、パパはのび太《た》たちの気持《きも》ちを喜《よろこ》んだよ。

オードリー・ヘップバーン　1929〜1993年《ねん》

ベルギーで生《う》まれ、アメリカで俳優《はいゆう》として映画界《えいがかい》、ファッション界《かい》でも活躍《かつやく》。代表《だいひょう》作《さく》は映画《えいが》『ローマの休日《きゅうじつ》』。ユニセフ親善大使《しんぜんたいし》として世界十数《せかいじゅうすう》か国《こく》で活動《かつどう》した。

愛《あい》は行動《こうどう》なのよ。言葉《ことば》だけではだめなの。言葉《ことば》だけですんだことなど一度《いちど》だってなかったわ。

——オードリー・ヘップバーン

齋藤先生《さいとうせんせい》の解説《かいせつ》

世界的《せかいてき》な映画俳優《えいがはいゆう》として大人気《だいにんき》だったオードリー・ヘップバーン。このことばは、オードリーが晩年《ばんねん》に息子《むすこ》に伝《つた》えたことばなんだ。

俳優《はいゆう》の仕事《しごと》と子育《こそだ》てをしていたオードリーは、晩年《ばんねん》、ユニセフ(国連児童基金《こくれんじどうききん》)親善大使《しんぜんたいし》として、**世界中《せかいじゅう》の恵《めぐ》まれない子《こ》どもたちの支援《しえん》に力《ちから》を尽《つ》くしたよ。**オードリーは、アフリカ、南米《なんべい》、アジアを飛《と》び回《まわ》り、**子《こ》どもたちを抱《だ》きしめ、はげまし、行動《こうどう》し続《つづ》けた。**人《ひと》の気持《きも》ちを動《うご》かすのは行動《こうどう》なのかもしれないね。

パパは、のび太《た》が自分《じぶん》のために行動《こうどう》してくれたことに喜《よろこ》んでいる。**口《くち》でいうより実際《じっさい》に行《おこな》うことの方《ほう》が何倍《なんばい》もむずかしいからね。**

シーン7 無償《むしょう》の愛《あい》

ドラえもん、これからもぼくからはなれないで。
あったりまえだい。ぼくの役目《やくめ》は、のび太《た》くんをしあわせにすることだ。

てんとう虫コミックス『ドラえもん』第4巻「友情カプセル」 p90

スネ夫《お》はたくさんのどら焼《や》きでドラえもんを釣《つ》ろうとしたけれど、ドラえもんはのび太《た》を裏切《うらぎ》らなかった。二人《ふたり》が改《あらた》めて親友《しんゆう》のちかいを立《た》てるシーン。

マザー・テレサ 1910〜1997年《ねん》

今《いま》の北《きた》マケドニア生《う》まれ。キリスト教《きょう》の修道女《しゅうどうじょ》。インドで貧《まず》しい人《ひと》の救済《きゅうさい》のために学校《がっこう》やホスピス、親《おや》のない子《こ》の施設《しせつ》などをつくった。ノーベル平和賞《へいわしょう》を受賞《じゅしょう》。

だれかがそのとき求《もと》めているものを、無条件《むじょうけん》に与《あた》えようと努《つと》めなさい。

——マザー・テレサ

齋藤先生《さいとうせんせい》の解説《かいせつ》

マザー・テレサは、**貧《まず》しい人《ひと》たちのために生涯《しょうがい》をささげた人《ひと》**だよ。

1950年《ねん》ごろ、インドのコルカタでは、家《いえ》のない人《ひと》や子《こ》ども、病気《びょうき》の人《ひと》、生死《せいし》をさまよっている人《ひと》などが道《みち》ばたにあふれていたんだ。

テレサは、「史上最悪《しじょうさいあく》の住宅環境《じゅうたくかんきょう》」と呼《よ》ばれたこのスラム街《がい》で、**家《いえ》のない子《こ》どもたちに無料《むりょう》で授業《じゅぎょう》を行《おこな》い**、生死《せいし》をさまよっている人《ひと》を自《みずか》らつくった施設《しせつ》に連《つ》れて行《い》き、**スープを与《あた》え、最期《さいご》の時間《じかん》をともに過《す》ごす**などの救済活動《きゅうさいかつどう》を行《おこな》ったよ。この活動《かつどう》が世界中《せかいじゅう》に知《し》られると大《おお》きな反響《はんきょう》があり、**テレサはノーベル平和賞《へいわしょう》を受賞《じゅしょう》する**んだ。

テレサやドラえもんのように、与《あた》えられる人《ひと》になりたいね。

シーン8 気《き》にかけて！

なんです。そのかっこうは！
勉強《べんきょう》もしないで！
気《き》にかけられるって、うれしいねえ。

てんとう虫コミックス『ドラえもん』第4巻「石ころぼうし」 p165

のび太《た》が「石《いし》ころぼうし」をかぶると、みんなが自分《じぶん》に無関心《むかんしん》になったので悲《かな》しくなってしまった。ぼうしをぬいで、やっと気《き》にかけられたシーン。

金子《かねこ》みすゞ《ず》 1903〜1930年《ねん》

山口県《やまぐちけん》生《う》まれの童謡詩人《どうようしじん》。命《いのち》あるすべてのものに寄《よ》り添《そ》う詩《し》が詩人《しじん》・西条八十《さいじょうやそ》に認《みと》められ、90編《ぺん》ほどの詩《し》を発表《はっぴょう》した。「わたしと小鳥《ことり》と鈴《すず》と」「大漁《たいりょう》」などが有名《ゆうめい》。

見《み》えぬけれどもあるんだよ、見《み》えぬものでもあるんだよ。

―金子《かねこ》みすゞ《ず》

齋藤先生《さいとうせんせい》の解説《かいせつ》

「星《ほし》とたんぽぽ」という詩《し》の一節《いっせつ》。**昼間《ひるま》の星《ほし》も、土《つち》にうまっているたんぽぽの根《ね》も、目《め》で見《み》ることはできないけれど、確《たし》かに存在《そんざい》している。**自分《じぶん》が昼間《ひるま》の星《ほし》やたんぽぽの根《ね》になったらどんな気持《きも》ち？

みんなに気《き》づかれなくなる「石《いし》ころぼうし」をかぶったのび太《た》。みんなが自分《じぶん》に無関心《むかんしん》になったとき、のび太《た》はとてもさびしくなった。人《ひと》の目《め》を気《き》にしすぎるのもつらいけれど、**人《ひと》からまったく気《き》にされないのはもっとつらい。**しかられていても、のび太《た》のように気《き》にかけられるとうれしいよね。見《み》えぬもの（気《き》にもとめないもの）を気《き》にかけてみたら、**新《あたら》しい発見《はっけん》があるかも**しれないよ。

シーン9 心《こころ》をこめる

たまごから、そだてたのよ。
どんな生《い》きものでも心《こころ》からかわいがれば、きっとなつくわよ。

てんとう虫コミックス『ドラえもん』第6巻「台風のフー子」 p141

たまごから育《そだ》てた小鳥《ことり》が、しずかちゃんになついているのをうらやましく思《おも》ったのび太《た》。まねをして、ドラえもんがくれたたまごをあたためるよ。

サン=テグジュペリ　1900〜1944年《ねん》

フランス生《う》まれの作家《さっか》。軍《ぐん》や郵便会社《ゆうびんがいしゃ》の飛行士《ひこうし》としての経験《けいけん》をもとに小説《しょうせつ》を書《か》くようになる。童話《どうわ》『星《ほし》の王子《おうじ》さま』は300もの言語《げんご》に翻訳《ほんやく》されている。

きみがきみの薔薇《ばら》のためだけに使《つか》った時間《じかん》が、きみの薔薇《ばら》をあんなにもたいせつなものにするんだよ。

―― サン=テグジュペリ

齋藤先生《さいとうせんせい》の解説《かいせつ》

世界的《せかいてき》ベストセラー『星《ほし》の王子《おうじ》さま』の中《なか》で、キツネが王子《おうじ》さまにいうセリフだよ。王子《おうじ》さまは大切《たいせつ》に育《そだ》てた1本《ぽん》の薔薇《ばら》を星《ほし》において地球《ちきゅう》にやってくる。地球《ちきゅう》には、たくさんの薔薇《ばら》があって、王子《おうじ》さまは、薔薇《ばら》はこんなにあるものなのかと悲《かな》しくなるんだ。

でも、**どんなにたくさんの薔薇《ばら》より、星《ほし》においてきた1本《ぽん》の薔薇《ばら》が自分《じぶん》にとってかけがえのないものだと気《き》づくよ。**

しずかちゃんも、心《こころ》をこめて育《そだ》てると気持《きも》ちが通《かよ》ってなついてくれるといっている。**しずかちゃんにとっては唯一無二《ゆいいつむに》の小鳥《ことり》なんだ。**

費《つい》やした時間《じかん》が、かけがえのないつながりをつくるんだね。

シーン10 がらくた？

てんとう虫コミックス『ドラえもん』第6巻「赤いくつの女の子」 p99

タイムマシンで幼稚園時代《ようちえんじだい》にもどったのび太《た》は、当時傷《とうじきず》つけてしまった少女《しょうじょ》と仲直《なかなお》りができた。少女《しょうじょ》からのプレゼントを「がらくた」といわれ、反撃《はんげき》！

中原《なかはら》中也《ちゅうや》　1907〜1937年《ねん》

山口県《やまぐちけん》生《う》まれの詩人《しじん》。繊細《せんさい》な心情表現《しんじょうひょうげん》が特徴《とくちょう》で、10年《ねん》ほどの間《あいだ》に350編以上《へんいじょう》の詩《し》を生《う》み出《だ》した。代表作《だいひょうさく》に「サーカス」「汚《よご》れっちまった悲《かな》しみに……」など。

月夜《つきよ》の晩《ばん》に、拾《ひろ》ったボタンは
どうしてそれが、捨《す》てられようか？

――中原《なかはら》中也《ちゅうや》

齋藤先生《さいとうせんせい》の解説《かいせつ》

たまたま拾《ひろ》ったボタンは、**それ自体《じたい》には価値《かち》はない**かもしれない。でも、**きれいな月《つき》が出《で》ている浜辺《はまへ》で、そのボタンに出会《であ》った偶然《ぐうぜん》や奇跡《きせき》がいとおしい**。そんなボタンは、捨《す》てられるはずもなく、**自分《じぶん》にとっての宝《たから》ものなのだ**ということだよ。これは「月夜《つきよ》の浜辺《はまべ》」という詩《し》の一節《いっせつ》。のび太《た》にとっては、何年《なんねん》もたってようやく仲直《なかなお》りできた少女《しょうじょ》からもらったものは宝《たから》ものだってことだね。

中也《ちゅうや》は小学生《しょうがくせい》のころから文学《ぶんがく》にのめりこんで、中学生《ちゅうがくせい》のときには歌集《かしゅう》をつくったほどだったんだ。身《み》を切《き》られるような波乱《はらん》の人生《じんせい》の中《なか》、**繊細《せんさい》で誠実《せいじつ》な思《おも》いをことばにした真《しん》の詩人《しじん》だよ**。

シーン11 全力《ぜんりょく》のんびり

いつものんびりしてるけど。
ママが夜《よる》まででかけてると、心《こころ》の底《そこ》からのんびりできるんだ。
一生《いっしょう》けんめいのんびりしよう。

てんとう虫コミックス『ドラえもん』第8巻「ライター芝居」 p14

のんびりを楽《たの》しむのび太《た》のために、ドラえもんは書《か》いた通《とお》りのことが起《お》きるひみつ道具《どうぐ》「シナリオライター」を使《つか》う。字《じ》をまちがえたのび太《た》は……。

オスカー・ワイルド　1854〜1900年《ねん》

アイルランド生《う》まれの詩人《しじん》、劇作家《げきさっか》、小説家《しょうせつか》。代表作《だいひょうさく》に童話《どうわ》『幸福《こうふく》な王子《おうじ》』、戯曲《ぎきょく》『サロメ』、小説《しょうせつ》『ドリアン＝グレイの肖像《しょうぞう》』など。

何《なに》もしないことはこの世《よ》でもっともむずかしく、もっとも困難《こんなん》で、もっとも知的《ちてき》なことだ。

——オスカー・ワイルド

齋藤先生《さいとうせんせい》の解説《かいせつ》

現代社会《げんだいしゃかい》は忙《いそが》しくて、何《なに》もしないというのは実《じつ》はむずかしいことだとオスカー・ワイルドはいうよ。学校《がっこう》や塾《じゅく》、家《いえ》の仕事《しごと》、やるべきことが多《おお》いと心《こころ》が落《お》ち着《つ》かないよね。**ワイルドは、何《なに》もしないでのんびりする時間《じかん》が、新《あたら》しいアイデアや創造力《そうぞうりょく》を育《はぐく》むと考《かんが》えていたよ。だからこそ、何《なに》もしないことはもっとも知的《ちてき》だ**といっているんだ。

のび太《た》の場合《ばあい》、一生懸命《いっしょうけんめい》のんびりしているからって、知的《ちてき》に過《す》ごしているとはかぎらないけどね。ワイルドは、笑《わら》わせたり、考《かんが》えさせられたりするお芝居《しばい》や本《ほん》をたくさん書《か》いて大人気《だいにんき》になったよ。その中《なか》で、のんびりすることの大切《たいせつ》さを感《かん》じていたんだね。

幸《しあわ》せ名場面《めいばめん》

① 

② 

③ 

④ 

① 第40巻「タイム・ルーム 昔のカキの物語」p121
② 第4巻「友情カプセル」p91
③ 第33巻「地底のドライ・ライト」p30
④ 第38巻「友だちの輪」p69
⑤ 第38巻「石器時代のホテル」p156
（すべててんとう虫コミックス『ドラえもん』）

⑤

勇《ゆう》気《き》のことば

シーン12 運命《うんめい》を変《か》える！

てんとう虫コミックス『ドラえもん』第1巻「未来の国からはるばると」 p17

未来《みらい》からドラえもんとのび太《た》の孫《まご》の孫《まご》「セワシくん」がやってきて、のび太《た》は悲惨《ひさん》な運命《うんめい》を知《し》ることに。ここからのび太《た》とドラえもんの物語《ものがたり》がはじまる。

ユリウス・カエサル　紀元前《きげんぜん》100～紀元前《きげんぜん》44年《ねん》

古代《こだい》ローマ帝国《ていこく》の軍人《ぐんじん》、政治家《せいじか》。権力争《けんりょくあらそ》いに勝利《しょうり》し、独裁官《どくさいかん》になった。今《いま》のカレンダーの元《もと》になるユリウス暦《れき》をつくり、『ガリア戦記《せんき》』を書《か》き残《のこ》した。

賽《さい》は投《な》げられた

――ユリウス・カエサル

齋藤先生《さいとうせんせい》の解説《かいせつ》

カエサルは古代《こだい》ローマ帝国《ていこく》の軍人《ぐんじん》・政治家《せいじか》。裏切《うらぎ》られ、絶体絶命《ぜったいぜつめい》となったときのことば。当時《とうじ》、軍《ぐん》を連《つ》れてルビコン川《がわ》をローマにわたるのは禁《きん》じられていたが、そうしないとカエサルは後《あと》がない。決《けっ》死《し》の覚悟《かくご》で川《かわ》を越《こ》え、政敵《せいてき》と戦《たたか》ったカエサルは勝利《しょうり》をおさめるよ。

「賽《さい》」はサイコロのこと。**サイコロを投《な》げた時点《じてん》で勝負《しょうぶ》ははじまっているから、もう後《あと》には引《ひ》けない。負《ま》ける運命《うんめい》を変《か》えてやる！　という覚悟《かくご》を感《かん》じるね。**セワシくんの「運命《うんめい》は変《か》えることだってできる」ということばは、カエサルの気持《きも》ちと通《つう》じる。**サイコロを投《な》げるのも、運命《うんめい》を変《か》えるのも、自分自身《じぶんじしん》なんだ。**

シーン13 のび太《た》の勇気《ゆうき》

てんとう虫コミックス『ドラえもん』第6巻「さようなら、ドラえもん」 p176

急《きゅう》に未来《みらい》に帰《かえ》ることになったドラえもん。のび太《た》は、ドラえもんに心配《しんぱい》させないように、ひとりでジャイアンと対決《たいけつ》して勝《か》つよ。

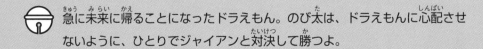

ヘレン・ケラー 1880〜1968年《ねん》

アメリカの社会福祉家《しゃかいふくしか》、教育家《きょういくか》。「見《み》えない・聞《き》こえない・話《はな》せない」という状況《じょうきょう》の中《なか》で、努力《どりょく》して今《いま》のハーバード大学《だいがく》に進学《しんがく》。世界中《せかいじゅう》で福祉事業《ふくしじぎょう》に貢献《こうけん》した。

人生《じんせい》はどちらかです。勇気《ゆうき》をもって挑戦《ちょうせん》するか、むだにするか。

——ヘレン・ケラー

齋藤先生《さいとうせんせい》の解説《かいせつ》

ヘレン・ケラーは、**病気《びょうき》が原因《げんいん》で1歳《さい》のときに視力《しりょく》と聴力《ちょうりょく》を失《うしな》う。**7歳《さい》で一生《いっしょう》の師《し》・サリバン先生《せんせい》と出会《であ》い、**読《よ》み書《か》きやことばを教《おそ》わるよ。**この様子《ようす》を描《えが》いた映画《えいが》『奇跡《きせき》の人《ひと》』は世界中《せかいじゅう》で有名《ゆうめい》なんだ。見《み》えない・聞《き》こえない・話《はな》せない中《なか》で必死《ひっし》に勉強《べんきょう》して大学《だいがく》に行《い》き、さらに世界《せかい》を飛《と》び回《まわ》って、障害者《しょうがいしゃ》を応援《おうえん》し続《つづ》けたんだ。

重《おも》い障害《しょうがい》をもち、精力的《せいりょくてき》に活動《かつどう》し続《つづ》けたヘレン。その姿《すがた》を知《し》ると、いいわけをしながら挑戦《ちょうせん》しないでいるなんてはずかしくなってくるよね。勇気《ゆうき》をもって挑戦《ちょうせん》することで、人生《じんせい》はひらかれるんだ。のび太《た》が、ひとりでジャイアンにぶつかっていったようにね。

シーン14　独立《どくりつ》するぞ！

てんとう虫コミックス『ドラえもん』第15巻「ナイヘヤドア」　p36

自分《じぶん》だけの力《ちから》で生《い》きてみたいというのび太《た》。感動《かんどう》したドラえもんは、かべにはりつけるだけで部屋《へや》ができる「ナイヘヤドア」をプレゼント！

茨木《いばらぎ》のり子《こ》 1926～2006年《ねん》

大阪《おおさか》生《う》まれ、詩人《しじん》。詩《し》の雑誌《ざっし》『櫂《かい》』を創刊《そうかん》。第二次世界大戦《だいにじせかいたいせん》の戦中《せんちゅう》、戦後《せんご》を生《い》きた経験《けいけん》をもとに批評性《ひひょうせい》の高《たか》い詩《し》をつくる。詩集《ししゅう》に『自分《じぶん》の感受性《かんじゅせい》くらい』など。

倚《よ》りかかるとすれば
それは
椅子《いす》の背《せ》もたれだけ

——茨木《いばらぎ》のり子《こ》

齋藤先生《さいとうせんせい》の解説《かいせつ》

「倚《よ》りかからず」という詩《し》の最後《さいご》の一節《いっせつ》。**でさあいの思想《しそう》や権威《けんい》によりかかることなく、自分《じぶん》の目《め》と耳《みみ》で見《み》たこと聞《き》いたこと、考《かんが》えたことにしたがって生《い》きていいんだ**という思《おも》いをうたった詩《し》。

のび太《た》は独立《どくりつ》したいといったけれど、独立《どくりつ》というのは経済的《けいざいてき》にも精神的《せいしんてき》にも独《ひと》り立《だ》ちすること。**人《ひと》の考《かんが》えにむやみに乗《の》って流《なが》されたり、失敗《しっぱい》したときにだれかのせいにしたりすることなく、自分《じぶん》ですべてを引《ひ》き受《う》けることだよ。**他人《たにん》に依存《いぞん》せず、自分《じぶん》の足《あし》で立《た》つ生《い》き方《かた》を詩《し》として表現《ひょうげん》してきた茨木《いばらぎ》のり子《こ》は、「倚《よ》りかからず」という境地《きょうち》に至《いた》ったのかもしれないね。

シーン15 綿毛《わたげ》の旅立《たびだ》ち

てんとう虫コミックス『ドラえもん』第18巻「タンポポ空を行く」 p191

タンポポのママとはなれたくないといっていた綿毛《わたげ》の子《こ》どもが、ようやく空《そら》に飛《と》び立《た》った。もう、ひとりで大丈夫《だいじょうぶ》みたいだね。

ウィスタン・ヒュー・オーデン　1907〜1973年《ねん》

イギリス生《う》まれの詩人《しじん》。イギリスとアメリカで活躍《かつやく》し、日本《にほん》の現代詩人《げんだいしじん》にも大《おお》きな影響《えいきょう》をあたえた。代表作《だいひょうさく》は詩集《ししゅう》『演説者《えんぜつしゃ》たち』『見《み》よ、旅人《たびびと》よ』など。

見《み》るまえに跳《と》べ

——オーデン

齋藤先生《さいとうせんせい》の解説《かいせつ》

『見《み》るまえに跳《と》べ』はオーデンの詩《し》のタイトル。ノーベル文学賞《ぶんがくしょう》を受賞《じゅしょう》した作家《さっか》・大江健三郎《おおえけんざぶろう》の短編小説《たんぺんしょうせつ》のタイトルにもなっているよ。

自分《じぶん》がおかれている状況《じょうきょう》をきちんと「見《み》る」のは大事《だいじ》。でも、見《み》たら、危《あぶ》ないことに気《き》づいておじけづくかもしれない。**それでも、一歩《いっぽ》をふみ出《だ》さなければ何《なに》も進《すす》まないよね。不安《ふあん》や心配事《しんぱいごと》をすべてなくすことなんてできないから、「見《み》るまえ」に思《おも》い切《き》って跳《と》んでみることも必要《ひつよう》だといっているんだ。**

綿毛《わたげ》の子《こ》どもも、いざ飛《と》んでみたら意外《いがい》とこわくなかったみたい。えいっ！　と新《あたら》しい世界《せかい》に飛《と》びこんでみると、グッと成長《せいちょう》するよ。

シーン16 大迷宮《だいめいきゅう》の旅《たび》

『大長編ドラえもんVol.13　のび太とブリキの迷宮』 p101

ふとしたことからブリキのホテルにまよいこみ、ドラえもんが連《つ》れ去《さ》られてしまった！　危険《きけん》をかえりみず、のび太《た》たちは助《たす》けに向《む》かうよ。

マララ・ユスフザイ　1997年《ねん》～

パキスタン生《う》まれ。女子教育禁止《じょしきょういくきんし》に反対《はんたい》したことで銃撃《じゅうげき》を受《う》けるが、それに負《ま》けず、教育《きょういく》の重要性《じゅうようせい》を訴《うった》え続《つづ》ける。国際連合《こくさいれんごう》は「7月《がつ》12日《にち》」をマララデーとしている。

1人《ひとり》の子《こ》ども、1人《ひとり》の教師《きょうし》、1冊《さつ》の本《ほん》、そして1本《ぽん》のペンが、世界《せかい》を変《か》えられるのです。

――マララ・ユスフザイ

齋藤先生《さいとうせんせい》の解説《かいせつ》

マララの国連《こくれん》でのスピーチの一節《いっせつ》。パキスタンの一部地域《いちぶちいき》ではイスラム過激派組織《かげきはそしき》によって、女性《じょせい》が教育《きょういく》を受《う》けることを禁《きん》じられていた。しかし、**当時十代《とうじじゅうだい》だったマララは、女性《じょせい》も教育《きょういく》を受《う》ける権利《けんり》があると訴《うった》え続《つづ》けた。**そのため、15歳《さい》のとき下校途中《げこうとちゅう》に銃撃《じゅうげき》を受《う》け負傷《ふしょう》してしまう。**それでも信念《しんねん》を曲《ま》げずに教育《きょういく》の重要性《じゅうようせい》を訴《うった》え続《つづ》けたんだ。**その不屈《ふくつ》の精神《せいしん》からノーベル平和賞《へいわしょう》を受賞《じゅしょう》したよ。

どんなにこわくても、危険《きけん》でも、闘《たたか》うことを決《けっ》してやめないマララの覚悟《かくご》は、絶対《ぜったい》にドラえもんを救《すく》うというのび太《た》の覚悟《かくご》と同《おな》じ。**そんなマララやのび太《た》の行動《こうどう》には、心《こころ》を動《うご》かされるものがあるね。**

シーン17 ドラえもんの献身《けんしん》

ドラえもんさんは今《いま》意識不明《いしきふめい》の重体《じゅうたい》です。
自分《じぶん》をぎせいにして天上世界《てんじょうせかい》を守《まも》ってくれたためです。
地上人《ちじょうじん》にもいろんな人《ひと》がいます。
ドラえもんさんたちのようにりっぱな人《ひと》もいるってことを、
わすれてはいけないと思《おも》います。

『大長編ドラえもんVol.12　のび太と雲の王国』　p183

天上世界《てんじょうせかい》で天上人《てんじょうじん》にとらえられたのび太《た》たち。しかし天上世界《てんじょうせかい》は崩壊寸前《ほうかいすんぜん》。ドラえもんは自分《じぶん》をぎせいにして、みんなを守《まも》ったよ。

宮沢賢治《みやざわけんじ》 1896〜1933年《ねん》

詩人《しじん》、童話作家《どうわさっか》。岩手県《いわてけん》で農業《のうぎょう》を教《おし》えるかたわら、多《おお》くの詩《し》や小説《しょうせつ》を書《か》いた。代表《だいひょう》作《さく》は詩集《ししゅう》『春《はる》と修羅《しゅら》』、童話集《どうわしゅう》『注文《ちゅうもん》の多《おお》い料理店《りょうりてん》』など。

僕《ぼく》はもう、あのさそりのように ほんとうにみんなの幸《さいわ》いのため ならば僕《ぼく》のからだなんか、 百《ひゃっ》ぺん灼《や》いてもかまわない。

——宮沢賢治《みやざわけんじ》

齋藤先生《さいとうせんせい》の解説《かいせつ》

童話《どうわ》『銀河鉄道《ぎんがてつどう》の夜《よる》』で、主人公《しゅじんこう》のジョバンニがいったことば。ジョバンニは、**世界中《せかいじゅう》のだれひとりとして不幸《ふこう》になってほしくない、そのために自分《じぶん》にできることがあればなんでもする**という強《つよ》い気持《きも》ちをもっているんだ。それは、**世界全体《せかいぜんたい》が幸福《こうふく》にならないかぎり自分《じぶん》の幸福《こうふく》はないと考《かんが》えていた宮沢賢治《みやざわけんじ》の思《おも》いそのもの**なんだよ。

ドラえもんは、のび太《た》たち地上人《ちじょうじん》だけでなく、自分《じぶん》たちを苦《くる》しめる天上人《てんじょうじん》もふくめたすべての人《ひと》を助《たす》けたいという思《おも》いで行動《こうどう》し、故《こ》障《しょう》してしまった。**人《ひと》の幸《しあわ》せを思《おも》って行動《こうどう》することは、とても尊《とうと》いことだと気《き》づかされるね。**

シーン18 ピンチを乗《の》りこえる

『大長編ドラえもんVol.16　のび太と銀河超特急』 p52

のび太《た》たちが夜空《よぞら》で銀河超特急《ぎんがエクスプレス》の旅《たび》を楽《たの》しんでいると、宇宙盗賊団《うちゅうとうぞくだん》におそわれた。みんなが不安《ふあん》を口《くち》にする中《なか》、のび太《た》が立《た》ち上《あ》がる！

緒方貞子《おがたさだこ》 1927～2019年《ねん》

国際政治学者《こくさいせいじがくしゃ》、政治学博士《せいじがくはくし》。日本人初《にほんじんはつ》、女性初《じょせいはつ》の国連難民高等弁務官《こくれんなんみんこうとうべんむかん》として10年《ねん》にわたり難民救済《なんみんきゅうさい》の最前線《さいぜんせん》に立《た》ち続《つづ》けた。ユネスコ平和賞《へいわしょう》を受賞《じゅしょう》。

危機《きき》とか難局《なんきょく》というのは、乗《の》り越《こ》えられるチャンスでもあるんです。乗《の》り越《こ》えるためにあるんです。

――緒方貞子《おがたさだこ》

齋藤先生《さいとうせんせい》の解説《かいせつ》

　緒方貞子《おがたさだこ》は、日本人初《にほんじんはつ》の国連難民高等弁務官《こくれんなんみんこうとうべんむかん》を務《つと》め、**世界中《せかいじゅう》の難《なん》民《みん》の救済《きゅうさい》に身《み》をささげた人《ひと》**。１９９１年《ねん》、戦争《せんそう》が終《お》わったイラクで約《やく》１８０万人《まんにん》ものクルド人難民《じんなんみん》が発生《はっせい》した。近隣国《きんりんこく》が難民《なんみん》の受《う》け入《い》れを拒否《きょひ》し、イラク内《ない》に難民《なんみん》があふれたんだ。難民条約《なんみんじょうやく》では、難民《なんみん》は「国境《こっきょう》を越《こ》えた人《ひと》」とされていて、**「国境《こっきょう》を越《こ》えていない人《ひと》」を保護《ほご》すべきか**という問題《もんだい》に直面《ちょくめん》してしまった。緒方《おがた》は、**基本原則《きほんげんそく》である人命救助《じんめいきゅうじょ》のために、ルールを変《か》えて、難民救済《なんみんきゅうさい》にふみ切《き》った**よ。

　状況《じょうきょう》に応《おう》じて、もっとも大切《たいせつ》なことは何《なに》かを判断基準《はんだんきじゅん》にした緒《お》方《がた》。不屈《ふくつ》の精神《せいしん》で最善《さいぜん》を尽《つ》くし、世界中《せかいじゅう》から高《たか》く評価《ひょうか》されたよ。

シーン19 ともに闘《たたか》う

『大長編ドラえもんVol.17　のび太のねじ巻き都市冒険記』　p112

のび太《た》たちが小惑星《しょうわくせい》の「ねじ巻《ま》き都市《シティー》」で楽《たの》しんでいると、凶暴《きょうぼう》な脱獄囚《だつごくしゅう》が侵入《しんにゅう》。悪人《あくにん》たちを倒《たお》すために、みんなで力《ちから》を合《あ》わせるよ。

ルース・ベイダー・ギンズバーグ　1933～2020年《ねん》

アメリカ生《う》まれ。連邦最高裁判事《れんぽうさいこうさいはんじ》を27年間務《ねんかんつと》めた。平等《びょうどう》と自由《じゆう》を重《おも》んじ、弁護士《べんごし》として性差別《せいさべつ》や社会的少数者《しゃかいてきしょうすうしゃ》への差別《さべつ》と闘《たたか》い続《つづ》けた。

自分《じぶん》にとって大切《たいせつ》なことのために闘《たたか》ってください。ただし、他《ほか》の人《ひと》が仲間《なかま》に加《くわ》わりたいと思《おも》うようなやり方《かた》で。

——ルース・ベイダー・ギンズバーグ

齋藤先生《さいとうせんせい》の解説《かいせつ》

ギンズバーグは、女性《じょせい》や社会的少数者《しゃかいてきしょうすうしゃ》の地位向上《ちいこうじょう》に努《つと》めた人《ひと》。**アメリカでもっとも尊敬《そんけい》される最高裁判事《さいこうさいはんじ》といわれるよ。**１９７０年《ねん》代《だい》ごろ、社会《しゃかい》は男性中心《だんせいちゅうしん》だった。女性《じょせい》というだけで差別《さ》されることに対《たい》して、**理路整然《りろせいぜん》と、丁寧《ていねい》な説明《せつめい》ややり方《かた》で変革《へんかく》をうながしたよ。**冷静《れいせい》さの中《なか》にある熱意《ねつい》に、多《おお》くの人《ひと》が共感《きょうかん》したんだ。

闘《たたか》うとき、だれかを責《せ》めたり悪口《わるぐち》をいったりすると、味方《みかた》をへらすことになるかもしれない。共感《きょうかん》を得《え》るような闘《たたか》い方《かた》をして仲間《なかま》が増《ふ》えれば、おのずと世界《せかい》は変《か》わるということだね。

そうすれば、のび太《た》みたいに試練《しれん》を乗《の》りこえることができるはず。

シーン20 ひらめいた！

ドラえもん！
すごいアイディアがひらめいたぞ。

てんとう虫コミックス『ドラえもん』第16巻「宇宙ターザン」 p172

ドラマ『宇宙《うちゅう》ターザン』が打《う》ち切《き》りになると知《し》ったのび太《た》は、タイムマシンで１億《おく》5000万年前《まんねんまえ》に行《い》き、撮影場所《さつえいばしょ》をつくり上《あ》げる！

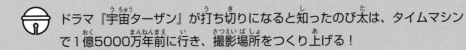

アルキメデス 紀元前《きげんぜん》287～紀元前《きげんぜん》212年《ねん》

古代《こだい》ギリシャの科学者《かがくしゃ》、数学者《すうがくしゃ》。「アルキメデスの原理《げんり》（浮力《ふりょく》）」や「てこの原理《げんり》」などを発見《はっけん》。また、今《いま》の円周率《えんしゅうりつ》（3.1415……）に近《ちか》い値《あたい》を算出《さんしゅつ》した。

ユーレカ！（われ見《み》いだせり）

——アルキメデス

齋藤先生《さいとうせんせい》の解説《かいせつ》

王様《おうさま》に、金《きん》のかんむりが純金《じゅんきん》かどうかを調《しら》べるようにいわれたアルキメデス。**考《かんが》えに考《かんが》えていたとき、お風呂《ふろ》に入《はい》ると湯《ゆ》があふれて、ひらめいた。**かんむりを水《みず》に入《い》れたときにあふれる水《みず》の量《りょう》によって、純金《じゅんきん》かそうでないかがわかることに気《き》づいたんだ。これがみんなも習《なら》う「アルキメデスの原理《げんり》（浮力《ふりょく》）」。自分《じぶん》の発想《はっそう》に感動《かんどう》したアルキメデスは「ユーレカ（わかったぞ）！」とさけんで、はだかのまま町《まち》を走《はし》ったといわれている。のび太《た》の興奮《こうふん》する気持《きも》ちもわかるね。

アルキメデスは、考《かんが》えに考《かんが》え、試行錯誤《しこうさくご》をくり返《かえ》したからこそ、お風呂《ふろ》での現象《げんしょう》が結《むす》びついて「ユーレカ！」がやってきたんだ。

シーン21　正義《せいぎ》と力《ちから》

てんとう虫コミックス『ドラえもん』第27巻「10分おくれのエスパー」　p172

ジャイアンが悪《わる》いのに、こわくていえないのび太《た》。正義《せいぎ》を守《まも》る力《ちから》がほしいのび太《た》のためにドラえもんが「E《エ》・S《ス》・P《パー》訓練《くんれん》ボックス」を出《だ》してくれるよ。

フランシス・ベーコン 1561〜1626年《ねん》

イギリス生《う》まれの哲学者《てつがくしゃ》、政治家《せいじか》。個々《ここ》の事実《じじつ》から共通点《きょうつうてん》を見出《みいだ》して、全体《ぜんたい》に通《つう》ずる法則《ほうそく》を導《みちび》く「帰納法《きのうほう》」を提案《ていあん》。近代哲学《きんだいてつがく》の基礎《きそ》をつくった。

知《ち》は力《ちから》なり

——フランシス・ベーコン

齋藤先生《さいとうせんせい》の解説《かいせつ》

フランシス・ベーコンは哲学者《てつがくしゃ》で、**経験《けいけん》や実験《じっけん》から学《まな》ぶことが大切《たいせつ》だと考《かんが》えて、近代科学《きんだいかがく》の基礎《きそ》をつくった**んだ。この「知《ち》は力《ちから》なり」ということばはベーコンの考《かんが》えを表《あらわ》したもので、とても有名《ゆうめい》だよ。

　このことばの意味《いみ》は、知識《ちしき》があれば、いろんなことができるということ。例《たと》えば医学《いがく》。病気《びょうき》が治《なお》せるようになったのは、知識《ちしき》の積《つ》み重《かさ》ねによるもの。ほかにも**いろんな分野《ぶんや》で、知識《ちしき》＝学問《がくもん》は問題《もんだい》を解決《かいけつ》する力《ちから》をもつ**んだ。のび太《た》がいう正義《せいぎ》を守《まも》るための力《ちから》はどんな力《ちから》かな？　ケンカのための力《ちから》は人《ひと》を傷《きず》つけてしまうから、おさえる必要《ひつよう》がある。**人《ひと》を傷《きず》つけずに正義《せいぎ》を守《まも》るためには、「知《ち》」の力《ちから》が必要《ひつよう》だよ。**

シーン22 のび太《た》の決意《けつい》

まけても
いいから、
力《ちから》いっ
ぱい
ぶつかって
やるんだ！

てんとう虫コミックス『ドラえもん』第0巻「愛妻ジャイ子!?」 p82

やることなすことうまくいかず嫌気《いやけ》がさしたのび太《た》は、ひらき直《なお》って、自分《じぶん》のもてる力《ちから》でやってみる！　と一大決心《いちだいけっしん》したよ。

高浜虚子《たかはまきょし》 1874〜1959年《ねん》

愛媛県松山市《えひめけんまつやまし》生《う》まれ、俳人《はいじん》。正岡子規《まさおかしき》の弟子《でし》として俳句《はいく》をはじめる。五《ご》・七《しち》・五《ご》の定型《ていけい》と季語《きご》を大切《たいせつ》にする、伝統的《でんとうてき》な俳句《はいく》を重《おも》んじた。

春風《しゅんぷう》や闘志《とうし》いだきて丘《おか》に立《た》つ

——高浜虚子《たかはまきょし》

斎藤先生《さいとうせんせい》の解説《かいせつ》

これは、俳句《はいく》の世界《せかい》をはなれた高浜虚子《たかはまきょし》が、もう一度《いちど》俳句《はいく》でがんばろうと決意《けつい》したときの句《く》。小高《こだか》い丘《おか》の上《うえ》に立《た》って心地《ここち》よくほんわかとした春風《はるかぜ》を全身《ぜんしん》に受《う》けたら、ほんわかした後《あと》に**体《からだ》の内側《うちがわ》から闘志《とうし》がわいてきたんだ。**

のび太《た》が「まけてもいいから」といっているように、**力《ちから》がみなぎっているときは勝《か》ち負《ま》けのことは考《かんが》えず、「来《く》るなら来《こ》い！」と前《まえ》に向《む》かって突《つ》き進《すす》もうという気持《きも》ちになるんだね。**

行《い》きづまったり、気持《きも》ちが落《お》ちこんだときは、広々《ひろびろ》としたところに行《い》って、風《かぜ》を受《う》けて、ゆっくり深呼吸《しんこきゅう》しよう。

シーン23　自分《じぶん》を否定《ひてい》しない

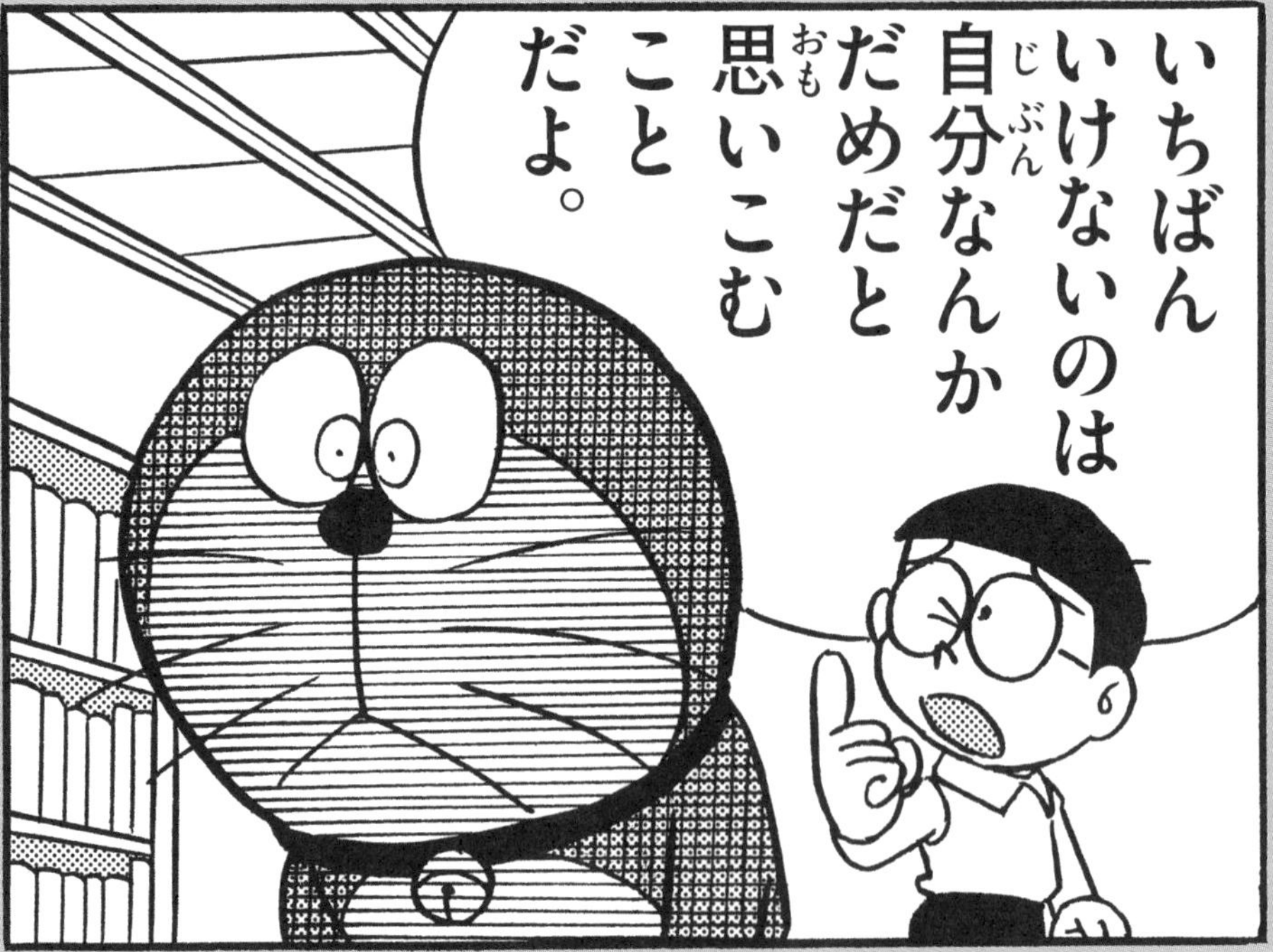
いちばんいけないのは自分《じぶん》なんかだめだと思《おも》いこむことだよ。

てんとう虫コミックス『ドラえもん』第7巻「好きでたまらニャい」　p53

好《す》きになったネコにふり向《む》いてもらう自信《じしん》がもてないドラえもんは、「ぼくなんか」と自分《じぶん》を否定《ひてい》してしまう。そこでのび太《た》が力強《ちからづよ》くはげますシーン。

アルフレッド・アドラー　1870～1937年《ねん》

オーストリアの精神分析学者《せいしんぶんせきがくしゃ》。精神分析《せいしんぶんせき》の創始者《そうししゃ》フロイトとともに研究《けんきゅう》した後《あと》、独自《どくじ》の研究《けんきゅう》を進《すす》める。人生《じんせい》の目的《もくてき》を追求《ついきゅう》する「アドラー心理学《しんりがく》」は日本《にほん》でも人気《にんき》。

今《いま》の自分《じぶん》を認《みと》める勇気《ゆうき》を持《も》つ者《もの》だけが、本当《ほんとう》に強《つよ》い人間《にんげん》になれるのだ。

——アドラー

齋藤先生《さいとうせんせい》の解説《かいせつ》

できない自分《じぶん》、失敗《しっぱい》した自分《じぶん》を認《みと》めることはむずかしいよね。でも、**現実《げんじつ》を認《みと》める勇気《ゆうき》が大事《だいじ》だよ。**「まだ本気《ほんき》出《だ》してないだけ」とか、「本当《ほんとう》はできるはず」とごまかしても、なんの解決《かいけつ》にもならない。**本当《ほんとう》に強《つよ》い人《ひと》は、どんな自分《じぶん》も認《みと》めて受《う》け入《い》れて、よりよい自分《じぶん》を目指《めざ》すことができる。**のび太《た》がいうように、自分《じぶん》なんかダメだと落《お》ちこんでいてもしかたない。もし、テストでよくない点数《てんすう》だったとしたら、「自分《じぶん》ができない問題《もんだい》がわかってよかった。次《つぎ》はまちがえないぞ！」と次《つぎ》の目標《もくひょう》に向《む》かって進《すす》んでいけばいい。

悩《なや》みからぬけ出《だ》すためには、まず自分《じぶん》の考《かんが》え方《かた》を点検《てんけん》しよう。

シーン24 野望《やぼう》は無謀《むぼう》!?

ぼくはねえ、
どうせやるなら、大《おお》きなことやりたいのよ。
みんなみたいにありふれたことじゃなく。

てんとう虫コミックス『ドラえもん』第4巻「海底ハイキング」 p48

夏休《なつやす》みに、海底《かいてい》を歩《ある》いて太平洋《たいへいよう》を横断《おうだん》すると決《き》め、みんなにもほのめかしたのび太《た》。ドラミちゃんの助《たす》けを借《か》りて行《い》ってみると……。

ウィリアム・スミス・クラーク 1826〜1886年《ねん》

アメリカ生《う》まれの教育者《きょういくしゃ》。明治時代《めいじじだい》に日本《にほん》に来《き》て、札幌農学校《さっぽろのうがっこう》（今《いま》の北海道大学《ほっかいどうだいがく》）の初代教頭《しょだいきょうとう》となり、植物学《しょくぶつがく》や道徳《どうとく》などを英語《えいご》で教《おし》えた。

少年《しょうねん》よ 大志《たいし》を抱《いだ》け。

——クラーク博士《はかせ》

齋藤先生《さいとうせんせい》の解説《かいせつ》

クラーク博士《はかせ》が英語《えいご》でいった「Boys《ボーイズ》, be《ビー》 ambitious《アンビシャス》」を訳《やく》したもの。**「大志《たいし》」とは、大《おお》きな志《こころざし》や望《のぞ》みのこと**だよ。

のび太《た》みたいに「大《おお》きなことをやりたい」と思《おも》うのは、実《じつ》はとても大事《だいじ》なこと。クラーク博士《はかせ》は、**目《め》の前《まえ》のことや毎日《まいにち》の生活《せいかつ》に一生《いっしょう》懸命《けんめい》になるのも大事《だいじ》だけれど、その先《さき》にある大《おお》きな目標《もくひょう》を意識《いしき》しようといっている**よ。その**目標《もくひょう》が大《おお》きければ大《おお》きいほど、なしとげられる結果《けっか》も大《おお》きい。**特《とく》に若《わか》いうちは体力《たいりょく》と情熱《じょうねつ》にあふれているからね。大《おお》きな志《こころざし》をもって社会《しゃかい》に出《で》て、世《よ》の中《なか》に役立《やくだ》つ人《ひと》になってほしいという、クラーク博士《はかせ》の教《おし》え子《ご》たちへの願《ねが》いがこめられているよ。

シーン25 大人《おとな》ののび太《た》

一つだけ教《おし》えておこう。
きみはこれからも何度《なんど》もつまずく。
でもそのたびに立《た》ち直《なお》る強《つよ》さももってるんだよ。

てんとう虫コミックス『ドラえもん プラス』第5巻「45年後……」 p191

45年後《ねんご》ののび太《た》がやってきて、今《いま》ののび太《た》と一日《いちにち》を過《す》ごす。大人《おとな》ののび太《た》は、成長《せいちょう》とともに身《み》につけた「強《つよ》さ」を教《おし》えてくれるんだ。

フリードリヒ・ヴィルヘルム・ニーチェ 1844〜1900年《ねん》

ドイツ生《う》まれの哲学者《てつがくしゃ》。キリスト教《きょう》を中心《ちゅうしん》としたヨーロッパの価値観《かちかん》をくつがえそうとした。代表作《だいひょうさく》に『ツァラトゥストラはかく語《かた》りき』『善悪《ぜんあく》の彼岸《ひがん》』など。

これが生《せい》だったのか。よし。もう一度《いちど》。

——ニーチェ

齋藤先生《さいとうせんせい》の解説《かいせつ》

さとりを得《え》た主人公《しゅじんこう》のツァラトゥストラが人々《ひとびと》に教《おし》えをさずける『ツァラトゥストラはかく語《かた》りき』という作品《さくひん》の一節《いっせつ》。

もし人生《じんせい》をやり直《なお》すとしたら、**つらいことも楽《たの》しいことも全部《ぜんぶ》やり直《なお》す**ことになる。**「だったら、何度《なんど》でも、全部受《ぜんぶう》け止《と》めよう！」という気持《きも》ちになることで、人間《にんげん》は弱《よわ》さを乗《の》りこえて強《つよ》くなっていくというんだ。**

大人《おとな》ののび太《た》も、自分《じぶん》にはそんな強《つよ》さがあるといっているね。つまずいても転《ころ》んでも「よし、もう一度《いちど》！」と立《た》ち上《あ》がれたら、またひとつ強《つよ》くなれる。つまずきや失敗《しっぱい》をおそれずに行《い》こう！

シーン26 人間《にんげん》は、強《つよ》い

てんとう虫コミックス『ドラえもん プラス』第2巻「地球脱出計画」 p72

地球滅亡《ちきゅうめつぼう》の本《ほん》を読《よ》んでおびえるのび太《た》に、ドラえもんが、人類《じんるい》が長《なが》い歴史《れきし》を生《い》きぬいてきた賢《かしこ》さを説《と》いて、心配《しんぱい》するなといっているんだ。

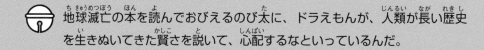

アーネスト・ヘミングウェイ　1899～1961年《ねん》

アメリカ生《う》まれ、小説家《しょうせつか》。新聞記者《しんぶんきしゃ》を経《へ》て、第一次世界大戦《だいいちじせかいたいせん》で重傷《じゅうしょう》を負《お》って創作《そうさく》の道《みち》へ。ノーベル文学賞《ぶんがくしょう》を受賞《じゅしょう》。代表作《だいひょうさく》は『武器《ぶき》よさらば』『老人《ろうじん》と海《うみ》』など。

人間《にんげん》ってやつ、負《ま》けるようにはできちゃいない

——ヘミングウェイ

齋藤先生《さいとうせんせい》の解説《かいせつ》

『老人《ろうじん》と海《うみ》』という小説《しょうせつ》で、主人公《しゅじんこう》の老人《ろうじん》は漁《りょう》で大《おお》きなマカジキを釣《つ》るけど、その大半《たいはん》をサメに食《た》べられてしまう。**がっかりする中《なか》で、自分《じぶん》で自分《じぶん》にいい聞《き》かせたのがこのことば。**

地球《ちきゅう》の歴史《れきし》では、いろんな生《い》きものが生《う》まれて絶滅《ぜつめつ》していった。人類《じんるい》が現在《げんざい》まで生《い》き残《のこ》っているのは知恵《ちえ》を出《だ》し合《あ》って協力《きょうりょく》してピンチを切《き》りぬけてきたからなんだ。つまり、**負《ま》けないように試行錯誤《しこうさくご》をくり返《かえ》してきたから。** **なんとかしたいとがんばっている間《あいだ》は、少《すく》なくとも負《ま》けてはいない。** ドラえもんがいう通《とお》り、人間《にんげん》には切《き》りぬける力《ちから》があるから、自分自身《じぶんじしん》の底力《そこぢから》を信《しん》じよう。

シーン27 力《ちから》の使《つか》い道《みち》

ほんとうに強《つよ》い者《もの》はけっしていばらない。弱《よわ》い者《もの》いじめなどとんでもない！
人間《にんげん》らしい心《こころ》をみがくのが柔道《じゅうどう》の真《しん》の目的《もくてき》なのだ!!

てんとう虫コミックス『ドラえもん』第36巻「ジャイアン反省・のび太はめいわく」 p66

ジャイアンが柔道家《じゅうどうか》のおじさんに「もっと強《つよ》くなりたい」というと、おじさんは、力《ちから》のある者《もの》が弱《よわ》い者《もの》いじめをしてはいけないとジャイアンをさとすよ。

嘉納治五郎《かのうじごろう》 1860～1938年《ねん》

教育者《きょういくしゃ》。柔術《じゅうじゅつ》を競技化《きょうぎか》して「柔道《じゅうどう》」とし、講道館《こうどうかん》をつくった。東洋人初《とうようじんはつ》のIOC《アイオーシー》（国際《こくさい》オリンピック委員会《いいんかい》）委員《いいん》になり、日本《にほん》のオリンピック参加《さんか》に貢献《こうけん》した。

精力善用《せいりょくぜんよう》

——嘉納治五郎《かのうじごろう》

齋藤先生《さいとうせんせい》の解説《かいせつ》

「精力《せいりょく》」とは、人《ひと》のエネルギーのこと。自分《じぶん》のもつエネルギーを**悪《わる》く使《つか》えば暴力《ぼうりょく》になってしまうし、よく使《つか》えば人助《ひとだす》けになる。**エネルギーはよいことに使《つか》いましょうという意味《いみ》だよ。

体《からだ》が弱《よわ》かった嘉納《かのう》は幼《おさな》いころから柔術《じゅうじゅつ》を学《まな》んでいて、この「精力《せいりょく》善用《ぜんよう》」ということばをとても大切《たいせつ》にしていたんだ。

柔道《じゅうどう》の「道《みち》」とは、**人《ひと》としてのあり方《かた》のこと。**力《ちから》を見《み》せつけていばるのではなく、**弱《よわ》い者《もの》を救《すく》うことが柔道《じゅうどう》という道《みち》の根本《こんぽん》であると**説《と》いたよ。

ジャイアンのおじさんのいったことと同《おな》じだね。

シーン28 日々《ひび》、前《まえ》へ

そうがっくりするなって。
少《すこ》しずつでもましにはなってきてるから。
それに……。

てんとう虫コミックス『ドラえもん』第16巻「りっぱなパパになるぞ!」 p40

タイムマシンで未来《みらい》の自分《じぶん》に会《あ》いに行《い》ったのび太《た》は、大人《おとな》になったのび太《た》に、未来《みらい》は少《すこ》しずつよくなっているとはげまされるよ。

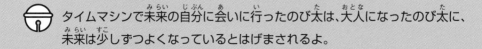

湯川秀樹《ゆかわひでき》　1907〜1981年《ねん》

理論物理学者《りろんぶつりがくしゃ》。素粒子《そりゅうし》の一種《いっしゅ》である「中間子《ちゅうかんし》」の存在《そんざい》を理論的《りろんてき》に予言《よげん》し、ノーベル物理学賞《ぶつりがくしょう》を受賞《じゅしょう》。核兵器廃絶《かくへいきはいぜつ》を訴《うった》える平和活動《へいわかつどう》にも力《ちから》を入《い》れた。

一日《いちにち》生《い》きることは、一歩《いっぽ》進《すす》むことでありたい

——湯川秀樹《ゆかわひでき》

齋藤先生《さいとうせんせい》の解説《かいせつ》

湯川《ゆかわ》は日本人初《にほんじんはつ》のノーベル物理学賞《ぶつりがくしょう》を受賞《じゅしょう》した科学者《かがくしゃ》。科学者《かがくしゃ》は、仮説《かせつ》を立《た》てて実験《じっけん》や観測《かんそく》によって検証《けんしょう》し、まちがったことやあいまいなことをひとつずつ確実《かくじつ》なものにしながら真実《しんじつ》を見《み》つけ出《だ》していく。「今日《きょう》もダメだった」ということばかりだけれど、**それに絶望《ぜつぼう》せず、ダメだとわかったことも「一歩前進《いっぽぜんしん》！」と考《かんが》えるねばり強《づよ》さが大事《だいじ》。**それを表《あらわ》しているのがこのことばだよ。

人生《じんせい》も同《おな》じ。すぐに結果《けっか》の出《で》ることなんて、そうそうない。**がんばったこと自体《じたい》が一歩《いっぽ》なんだ。**大人《おとな》ののび太《た》がいうように、少《すこ》しずつ「まし」になっているだけで十分《じゅうぶん》な進歩《しんぽ》なんだよ。

シーン29 夜《よ》は明《あ》け、朝《あさ》は来《く》る

悪《わる》いことばかりつづくもんじゃないよ。
まじめに努力《どりょく》していればいつか…、
夜《よる》はかならず朝《あさ》となる。
長《なが》い冬《ふゆ》がすぎれば、あたたかい春《はる》の日《ひ》が…。

てんとう虫コミックス『ドラえもん』第20巻「アヤカリンで幸運を」 p112

運《うん》の悪《わる》いことばかり続《つづ》くのび太《た》をはげますドラえもん。この後《あと》、運《うん》のいい人《ひと》から幸運《こううん》を分《わ》けてもらえる「アヤカリン」が登場《とうじょう》するよ。

スティーブ・ジョブズ　1955〜2011年《ねん》

アメリカの起業家《きぎょうか》。今《いま》のApple社《アップルしゃ》を設立《せつりつ》、iPhone《アイフォーン》のような機能性《きのうせい》とデザイン性《せい》を兼《か》ね備《そな》えた画期的《かっきてき》な製品《せいひん》をつくり出《だ》し、世界的企業《せかいてききぎょう》に成長《せいちょう》させた。

最悪《さいあく》の状況《じょうきょう》になっても、信念《しんねん》を失《うしな》わないこと。自分《じぶん》の仕事《しごと》を愛《あい》していたからこそ、前《まえ》に進《すす》み続《つづ》けられたのです。

——スティーブ・ジョブズ

齋藤先生《さいとうせんせい》の解説《かいせつ》

ジョブズは21歳《さい》のとき、友人《ゆうじん》とApple《アップル》 Computer社《コンピューターしゃ》をつくり、のちにiPhone《アイフォーン》など**画期的《かっきてき》な新製品《しんせいひん》を次々《つぎつぎ》世《よ》に送《おく》り出《だ》し、大成功《だいせいこう》をおさめた人《ひと》。**会社設立《かいしゃせつりつ》から約《やく》10年後《ねんご》、自身《じしん》が開発《かいはつ》したコンピューター「マッキントッシュ」が思《おも》ったほど売《う》れなくて、会社《かいしゃ》を追《お》われてしまう。このことばは、そのときのことをいっているよ。

つらくて苦《くる》しい経験《けいけん》だったけど、この経験《けいけん》があったからこそ自分《じぶん》が仕事《しごと》を心《こころ》から愛《あい》していることに気《き》づき、もう一度挑戦《いちどちょうせん》してみようと思《おも》えたんだ。ジョブズは、約《やく》11年後《ねんご》にApple社《アップルしゃ》に復帰《ふっき》し、快進撃《かいしんげき》をなしとげるよ。ドラえもんがいう通《とお》り、悪《わる》いことは続《つづ》かない。

シーン30 七転《ななころ》び八起《やお》き

てんとう虫コミックス『ドラえもん』第18巻「あの日あの時あのダルマ」 p131

ダルマのように、転《ころ》んでも起《お》き上《あ》がる子《こ》になってほしいといったおばあちゃんを思《おも》い出《だ》して、落《お》ちこんでいたのび太《た》は心《こころ》を入《い》れかえるよ。

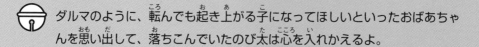

ネルソン・マンデラ　1918〜2013年《ねん》

南《みなみ》アフリカ共和国黒人解放運動指導者《きょうわこくこくじんかいほううんどうしどうしゃ》、政治家《せいじか》。弁護士《べんごし》を経《へ》て人種差別《じんしゅさべつ》への反対運動《はんたいうんどう》を行《おこな》うが逮捕《たいほ》される。釈放後《しゃくほうご》、ノーベル平和賞《へいわしょう》を受賞《じゅしょう》、大統領《だいとうりょう》となる。

人生最大《じんせいさいだい》の栄光《えいこう》は一度《いちど》も転《ころ》ばないことではなく、転《ころ》ぶたびに立《た》ち上《あ》がることにある。

——ネルソン・マンデラ

齋藤先生《さいとうせんせい》の解説《かいせつ》

マンデラは、**南《みなみ》アフリカ共和国《きょうわこく》で黒人差別《こくじんさべつ》をなくすことに尽力《じんりょく》した人《ひと》。**南《みなみ》アフリカでは、かつてアパルトヘイトという黒人《こくじん》など有色《ゆうしょく》人種《じんしゅ》を差別《さべつ》する政策《せいさく》があった。**マンデラはこれに反対《はんたい》したことで、逮捕《たいほ》され、27年《ねん》もの獄中生活《ごくちゅうせいかつ》を送《おく》ることになってしまう。**

釈放後《しゃくほうご》、1991年《ねん》にアパルトヘイトは廃止《はいし》され、マンデラは大《だい》統領《とうりょう》となるよ。差別撤廃《さべつてっぱい》をめざす途中《とちゅう》で、逮捕《たいほ》されるなど絶望的《ぜつぼうてき》なことがあっても、そのたびに立《た》ち上《あ》がって、目標《もくひょう》を達成《たっせい》したマンデラ。おばあちゃんのいうことに通《つう》ずるね。**成功《せいこう》するのはもちろん大《だい》事《じ》だけど、失敗《しっぱい》しても立《た》ち上《あ》がることには大《おお》きな意味《いみ》があるんだね。**

シーン31 得意《とくい》なこと

できた！
三か月《げつ》も苦心《くしん》して くふうを続《つづ》けた 新作《しんさく》あやとり 「ギャラクシー」が ついに完成《かんせい》した ぞ!!

てんとう虫コミックス『ドラえもん』第28巻「家元かんばん」 p113

あやとりが得意《とくい》なのび太《た》は、大作《たいさく》を披露《ひろう》するもみんな無関心《むかんしん》でガッカリ。ドラえもんの「家元《いえもと》かんばん」で大人気《だいにんき》となるも、かんばんを外《はず》すと…。

本田宗一郎《ほんだそういちろう》 1906〜1991年《ねん》

静岡県《しずおかけん》生《う》まれ、今《いま》の本田技研工業《ほんだぎけんこうぎょう》の創業者《そうぎょうしゃ》。オートバイや自動車《じどうしゃ》を開発《かいはつ》・製造《せいぞう》し、海外《かいがい》にも進出《しんしゅつ》した。各国《かっこく》の自動車《じどうしゃ》レースを制覇《せいは》し「世界《せかい》のホンダ」と呼《よ》ばれる。

得《え》手《て》に帆《ほ》を上《あ》げ

——本田宗一郎《ほんだそういちろう》

齋藤先生《さいとうせんせい》の解説《かいせつ》

船《ふね》は「帆《ほ》」に風《かぜ》を受《う》けて進《すす》んでいく。「得手《えて》」とは得意《とくい》なこと。自分《じぶん》の得意《とくい》なことに風《かぜ》を受《う》けて、どんどん前《まえ》に進《すす》もう、**悩《なや》みすぎないで得意《とくい》なことを伸《の》ばすことが大事《だいじ》だ**といっているよ。

本田宗一郎《ほんだそういちろう》は、小《ちい》さな町工場《まちこうば》から始《はじ》まった本田技研《ほんだぎけん》を、二輪車《にりんしゃ》及《およ》び自動車《じどうしゃ》の**世界的《せかいてき》メーカーにしたカリスマ経営者《けいえいしゃ》**。本田《ほんだ》は**お金関係《かねかんけい》のことが苦手《にがて》だから人《ひと》に任《まか》せ、自分《じぶん》は得意《とくい》なことしかやらなかった**んだって。人生《じんせい》は得意《とくい》なことで生《い》きていくのがいいと信《しん》じていたんだ。

のび太《た》はあやとりが大《だい》の得意《とくい》。まずはみんなも得意《とくい》なことを見《み》つけよう！ まわりの大人《おとな》や友《とも》だちに聞《き》くと参考《さんこう》になるよ。

シーン32　コツコツと

毎日《まいにち》の
小《ちい》さな努力《どりょく》の
つみ重《かさ》ねが、
歴史《れきし》を
つくって
いくんだよ
!!

てんとう虫コミックス『ドラえもん』第40巻「しずちゃんをとりもどせ」 p189

勉強《べんきょう》も家事《かじ》も得意《とくい》な出木杉《できすぎ》くんには勝《か》てないと落《お》ちこむのび太《た》に、ドラえもんは、家事《かじ》が上手《じょうず》になる「家庭科《かていか》エプロン」を出《だ》してはげますよ。

二宮尊徳《にのみやそんとく》　1787～1856年《ねん》

今《いま》の神奈川県《かながわけん》の農家《のうか》の出身《しゅっしん》。幼少期《ようしょうき》の名前《なまえ》は「金次郎《きんじろう》」。農業《のうぎょう》と勉強《べんきょう》にはげみ、倹約《けんやく》（むだづかいをしない）と勤勉《きんべん》（働《はたら》くこと）を重《おも》んじ、約《やく》600の農村《のうそん》を立《た》て直《なお》した。

大《だい》事《じ》をなさんと欲《ほっ》せば《なしとげたければ》、小《ちい》さなる事《こと》を《ちいさいこと》、怠《おこた》らず《なまけず》勤《つと》むべし《やるべきだ》。小《しょう》積《つも》りて大《だい》となればなり《なるからだ》。

——二宮尊徳《にのみやそんとく》

齋藤先生《さいとうせんせい》の解説《かいせつ》

二宮尊徳《にのみやそんとく》は、背中《せなか》に**たきぎを背負《せお》って本を読《よ》んでいる銅像《どうぞう》**で有名《ゆうめい》だよ。働《はたら》きながら勉強《べんきょう》を続《つづ》けた努力家《どりょくか》の象徴《しょうちょう》なんだ。

このことばは、**毎日《まいにち》の小《ちい》さな努力《どりょく》の積《つ》み重《かさ》ねが大《おお》きな成果《せいか》につながる**、という意味《いみ》だよ。ドラえもんもいっているように、「小《ちい》さな努力《どりょく》」を続《つづ》けることで大《おお》きなことが達成《たっせい》できるんだ。

二宮《にのみや》は、少年《しょうねん》のころに両親《りょうしん》を亡《な》くし、住《す》んでいた土地《とち》も失《うしな》ってしまったけれど、コツコツと勉強《べんきょう》して働《はたら》いて土地《とち》を取《と》りもどしたよ。**一日《いちにち》でできることは小《ちい》さいし意味《いみ》がないと思《おも》うかもしれないけれど、あきらめずにひたすら続《つづ》けることが大事《だいじ》**なんだね。

シーン33 人《ひと》の道《みち》、自分《じぶん》の道《みち》

でも、いっとくけど、人《ひと》のコースを進《すす》んでもいいことないよ。
そんなことないだろ。
人生《じんせい》の道《みち》は自分《じぶん》で切《き》り開《ひら》くものだ。自分《じぶん》のコースが気《き》にいらなければ自分《じぶん》の力《ちから》でりっぱな道《みち》に……。

てんとう虫コミックス『ドラえもん』第33巻「あの道この道楽な道」 p44〜45

同《おな》じ毎日《まいにち》がイヤだというのび太《た》に、人《ひと》と入《い》れかわれる「クロス・スイッチ」をわたしたドラえもんからの忠告《ちゅうこく》。のび太《た》はどのくらい聞《き》いているのか？

高村光太郎《たかむらこうたろう》 1883〜1956年《ねん》

詩人《しじん》でもあり、彫刻家《ちょうこくか》としても活躍《かつやく》。代表的《だいひょうてき》な詩集《ししゅう》に『道程《どうてい》』『智恵子抄《ちえこしょう》』など。父《ちち》で彫刻家《ちょうこくか》の高村光雲《たかむらこううん》に強《つよ》い影響《えいきょう》を受《う》けた。

僕《ぼく》の前《まえ》に道《みち》はない 僕《ぼく》の後《うし》ろに道《みち》は出来《でき》る

——高村光太郎《たかむらこうたろう》

齋藤先生《さいとうせんせい》の解説《かいせつ》

「道程《どうてい》」というとても有名《ゆうめい》な詩《し》の一節《いっせつ》。「道程《どうてい》」とは「道《みち》のり」のことだよ。普通《ふつう》、道《みち》があって、そこを自分《じぶん》が歩《ある》くよね。だけど、高村光太郎《たかむらこうたろう》は、「僕《ぼく》の前《まえ》に道《みち》はない」といっている。**人《ひと》が歩《ある》いた道《みち》を行《い》くのではなく、人《ひと》それぞれが自分《じぶん》の道《みち》を切《き》りひらいていくんだ、**ということだよ。ドラえもんも同《おな》じことをいっているね。

目《め》の前《まえ》に道《みち》がなくて、次《つぎ》に何《なに》をしたらよいかわからないと不安《ふあん》かもしれないけど、**一歩《いっぽ》をふみ出《だ》す勇気《ゆうき》**をもつんだ。**ふみ出《だ》して、後《うし》ろを見《み》ると、自分《じぶん》が来《き》た道《みち》が見《み》える。**それは、他《ほか》のだれともちがう自分《じぶん》だけの道《みち》だ。自分《じぶん》の理想《りそう》に向《む》かって、人生《じんせい》を切《き》りひらこう！

シーン34　努《ど》力《りょく》と成《せい》功《こう》

てんとう虫コミックス『ドラえもん』第15巻「人生やりなおし機」 p113

「人生《じんせい》やりなおし機《き》」で今《いま》のままの能力《のうりょく》で４歳《さい》にもどったのび太《た》。最初《さいしょ》はよいけれど、成長《せいちょう》するにつれて落《お》ちこぼれる現実《げんじつ》に直面《ちょくめん》し、心《こころ》を入《い》れかえる！

松下幸之助《まつしたこうのすけ》 1894～1989年《ねん》

和歌山県《わかやまけん》生《う》まれ。松下電気器具製作所《まつしたでんききぐせいさくしょ》（今《いま》のパナソニック）を設立《せつりつ》。冷蔵庫《れいぞうこ》、洗濯機《せんたくき》、テレビなどの家電《かでん》を広《ひろ》める。人材育成《じんざいいくせい》を目的《もくてき》とした「松下政経塾《まつしたせいけいじゅく》」を創設《そうせつ》。

わたしたちがなにかまとまった一《ひと》つのものごとを成《な》しとげようとするならば、やはり、安易《あんい》な道《みち》はないということを覚悟《かくご》しなければならないと思《おも》います。

――松下幸之助《まつしたこうのすけ》

齋藤先生《さいとうせんせい》の解説《かいせつ》

松下幸之助《まつしたこうのすけ》は、世界的電機《せかいてきでんき》メーカー・パナソニックの創業者《そうぎょうしゃ》で、「経営《けいえい》の神様《かみさま》」と呼《よ》ばれた人《ひと》。松下《まつした》は、父親《ちちおや》が事業《じぎょう》で失敗《しっぱい》して**9歳《さい》で小学校《しょうがっこう》をやめ、親元《おやもと》をはなれて働《はたら》きに出《で》る。**23歳《さい》で会社《かいしゃ》をつくるけれど、**体《からだ》も弱《よわ》く、教育《きょういく》も受《う》けておらず、お金《かね》もない**ところからの出発《しゅっぱつ》。**苦難《くなん》を乗《の》りこえて会社《かいしゃ》を世界的企業《せかいてききぎょう》にまで押《お》し上《あ》げた**んだ。

苦《くる》しいことを避《さ》け、ラクに簡単《かんたん》に成功《せいこう》したいと人《ひと》は思《おも》ってしまいがち。でも、**あきらめることなく、辛抱強《しんぼうづよ》く、地道《じみち》な努力《どりょく》を続《つづ》けることこそが成功《せいこう》につながる**と、松下《まつした》はいっているよ。ラクしてほめられようとしたのび太《た》に、ドラえもんも同《おな》じことをいっているね。

シーン35 夢中《むちゅう》になれ！

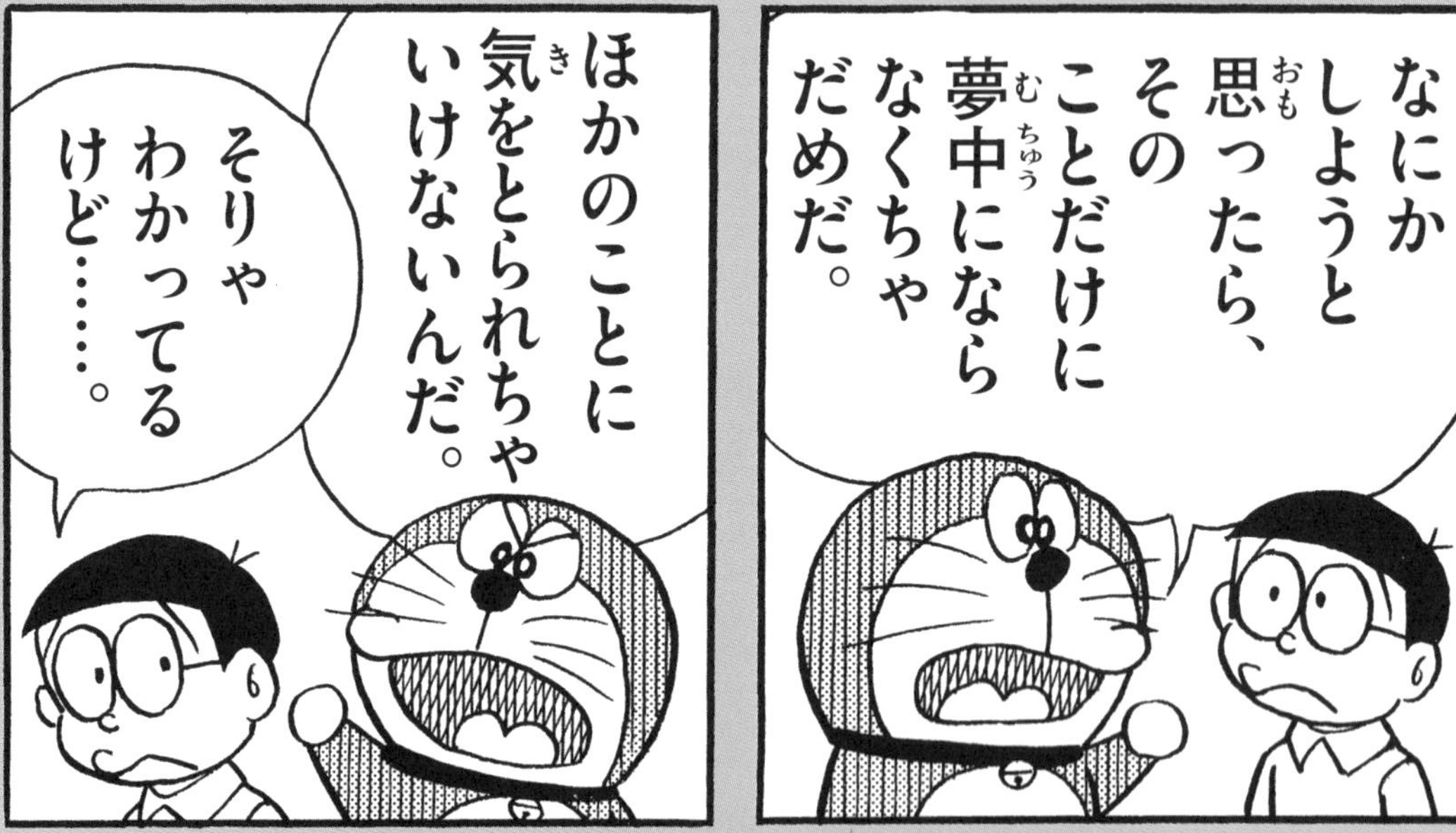
なにかしようと思《おも》ったら、そのことだけに夢《む》中《ちゅう》にならなくちゃだめだ。
ほかのことに気《き》をとられちゃいけないんだ。
そりゃわかってるけど……。

てんとう虫コミックス『ドラえもん プラス』第2巻「夢中機を探せ」 p119

ドラえもんは、すぐに気《き》が散《ち》るのび太《た》に「夢中機《むちゅうき》」を出《だ》そうとするも見《み》つからず、いろんな道具《どうぐ》を出《だ》しているうちに、のび太《た》は遊《あそ》び出《だ》してしまう。

ヘルマン・ヘッセ　1877〜1962年《ねん》

ドイツ生《う》まれの詩人《しじん》・小説家《しょうせつか》。聖職者《せいしょくしゃ》の家《いえ》に生《う》まれるが、詩人《しじん》を志《こころざ》す。心《こころ》の幸福《こうふく》について考《かんが》える作品《さくひん》を生《う》み出《だ》し、ノーベル文学賞《ぶんがくしょう》を受賞《じゅしょう》。代表作《だいひょうさく》は『車輪《しゃりん》の下《した》』。

亀《かめ》のように、自分自身《じぶんじしん》の中《なか》に完全《かんぜん》にもぐりこまなくてはいけないよ。

――ヘルマン・ヘッセ

斎藤先生《さいとうせんせい》の解説《かいせつ》

これは『デミアン』という小説《しょうせつ》の一節《いっせつ》。人《ひと》とはちがう精神的《せいしんてき》な強《つよ》さをもっている友人《ゆうじん》・デミアンが主人公《しゅじんこう》に、**おしゃべりばかりしていないで自分《じぶん》の内面《ないめん》に集中《しゅうちゅう》しなさい**といったときのことば。

友《とも》だちと話《はな》したり、動画《どうが》やテレビを見《み》るのも楽《たの》しいけど、外《そと》の世界《せかい》は気《き》が散《ち》ってしまいがち。**自分《じぶん》の内面《ないめん》を見《み》て、本当《ほんとう》の自分《じぶん》とは何《なん》なのか、自分《じぶん》がしたいこととは何《なん》なのかをふりかえる時間《じかん》をもとう**ということだよ。ドラえもんも、ひとつのことに夢中《むちゅう》になろうといっているよね。例《たと》えば、この1か月《げつ》は勉強《べんきょう》する、部活《ぶかつ》をするなど徹底的《てっていてき》にやってみると、**やり続《つづ》けた人《ひと》にしか見《み》えない世界《せかい》**がひらけるよ。

シーン36 目標《もくひょう》は高《たか》く

へただったら、どうしてうまくなろうと努力《どりょく》しないんだ。
スター選手《せんしゅ》になってチームをひっぱってやれ、ぐらいのこと考《かんが》えたらどうだ！

てんとう虫コミックス『ドラえもん』第11巻「Yロウ作戦」 p112

野球《やきゅう》が下手《へた》なのび太《た》が、二軍《にぐん》に落《お》とされるとなげいているのを見《み》て、ドラえもんが一喝《いっかつ》！ さすがののび太《た》もそのことばに目《め》がさめたよ。

フローレンス・ナイチンゲール 1820～1910年《ねん》

イギリスの看護師《かんごし》。クリミア戦争《せんそう》で衛生状態《えいせいじょうたい》や医療設備《いりょうせつび》を整《ととの》えて多《おお》くの兵士《へいし》を救《すく》う。看護師《かんごし》を教育《きょういく》するための看護学校《かんごがっこう》を設立《せつりつ》した。統計学者《とうけいがくしゃ》としての功績《こうせき》もある。

私《わたし》たちは常《つね》に進歩《しんぽ》し続《つづ》けていなければ、後《あと》もどりすることになるのです。

――ナイチンゲール

齋藤先生《さいとうせんせい》の解説《かいせつ》

ナイチンゲールは、**「看護《かんご》」を職業《しょくぎょう》にした人《ひと》。**イギリスなどとロシアが戦《たたか》ったクリミア戦争《せんそう》に看護師《かんごし》として出向《でむ》き、野戦病院《やせんびょういん》の**ひどい衛生環境《えいせいかんきょう》を整《ととの》え、統計《とうけい》をとり、看護《かんご》のシステムをつくった**んだ。掃除《そうじ》の徹底《てってい》と衛生《えいせい》の管理《かんり》、適切《てきせつ》な手当《てあ》てなどで、死亡率《しぼうりつ》を2％《パーセント》にまで下《さ》げたよ。**たくさんの負傷《ふしょう》した人《ひと》の命《いのら》を救《すく》うという、高《たか》い目標《もくひょう》をかかげたからこそできた**んだ。ナイチンゲールは、何《なに》もしないことは後《あと》もどりだという。ドラえもんがのび太《た》にいうのも高《たか》い目標《もくひょう》をかかげよ、ということだよね。**思《おも》い切《き》って高《にか》い目標《もくひょう》をもつと、その目標《もくひょう》が自分《じぶん》をひき上《あ》げてくれる**よ。

シーン37　だれかができれば

人《ひと》にできて、きみだけにできないなんてことあるもんか。

てんとう虫コミックス『ドラえもん』第1巻「走れ！ウマタケ」　p190

ひみつ道具《どうぐ》の「ウマタケ」を逃《のが》してしまったのび太《た》は、本物《ほんもの》の竹馬《たけうま》の練習《れんしゅう》をはじめる。ドラえもんのいう通《とお》りがんばって、乗《の》れるようになったよ。

源義経《みなもとのよしつね》 1159〜1189年《ねん》

源《みなもとの》頼朝《よりとも》の弟《おとうと》で、子《こ》どものころの名前《なまえ》は「牛若丸《うしわかまる》」。源氏《げんじ》と平家《へいけ》が戦《たたか》った源平合戦《げんぺいがっせん》で源氏《げんじ》を勝利《しょうり》に導《みちび》き、源氏《げんじ》が権力《けんりょく》をにぎる。兄《あに》・頼朝《よりとも》と対立《たいりつ》して命《いのち》を落《お》とす。

鹿《しか》が通《とお》れるところを馬《うま》が通《とお》れないことがあろうか。

※現代語訳《げんだいごやく》

――源《みなもとの》義経《よしつね》

齋藤先生《さいとうせんせい》の解説《かいせつ》

源義経《みなもとのよしつね》は平安《へいあん》〜鎌倉時代《かまくらじだい》の武将《ぶしょう》で、**とにかく戦《いくさ》に強《つよ》かった**。当《とう》時《じ》、全盛《ぜんせい》をほこった平家《へいけ》を「壇《だん》ノ浦《うら》の戦《たたか》い」でほろぼした**最大《さいだい》の功労《こうろう》者《しゃ》**なんだ。そんな義経《よしつね》にまつわる『平家物語《へいけものがたり》』の中《なか》のことばがこれ。

義経《よしつね》が高《たか》いがけを馬《うま》でおりようとしたら、地元《じもと》の人《ひと》に「無理《むり》です」といわれる。でも、鹿《しか》は通《とお》れると聞《き》いて、**「鹿《しか》が通《とお》れるなら、馬《うま》も通《とお》れるはず」といって馬《うま》でかけおりた**よ。ドラえもんも、「人《ひと》にできて、きみだけにできないものなんてない」といっているよね。**だれか（鹿《しか》）ができたことなら自分《じぶん》（馬《うま》）もできる**はず。できないと決《き》めつけずに、だれかの成功《せいこう》に自分《じぶん》のエネルギーをのせよう！

シーン38 練習《れんしゅう》あるのみ！

思《おも》いだすなあ、子《こ》どものころを。
きずだらけ、あざだらけになって練習《れんしゅう》したもんだ。
それだけに、乗《の》りこなしたよろこびは大《おお》きかった。

てんとう虫コミックス『ドラえもん』第1巻「走れ！ウマタケ」 p184

竹馬《たけうま》に乗《の》れないとバカにされてくやしがるのび太《た》に、パパが竹馬《たけうま》をつくってくれた。パパも子《こ》どものころに苦労《くろう》して乗《の》れるようになったんだね。

宮本武蔵《みやもとむさし》 1584？〜1645年《ねん》

「二刀流《にとうりゅう》」で有名《ゆうめい》な剣術家《けんじゅつか》。佐々木小次郎《ささきこじろう》との巌流島《がんりゅうじま》（今《いま》の山口県《やまぐちけん》）での決闘《けっとう》で勝《しょう》利《り》した。生涯《しょうがい》、負《ま》け知《し》らず。演劇《えんげき》、小説《しょうせつ》などさまざまな作品《さくひん》の題材《だいざい》になっている。

千日《せんにち》の稽古《けいこ》を鍛《たん》とし、万日《まんにち》の稽古《けいこ》を練《れん》とす。

——宮本武蔵《みやもとむさし》

齋藤先生《さいとうせんせい》の解説《かいせつ》

宮本武蔵《みやもとむさし》は、江戸《えど》時代《じだい》を生《い》きた人《ひと》で、刀《かたな》を両手《りょうて》にもって戦《たたか》う**「二《に》刀流《とうりゅう》」の名手《めいしゅ》であり、剣術《けんじゅつ》の達人《たつじん》**として知《し》られている。剣術《けんじゅつ》の極意《ごくい》をまとめた『五輪書《ごりんのしょ》』に書《か》かれているのがこのことば。

武蔵《むさし》は、**毎日毎日《まいにちまいにち》、千日《せんにち》も万日《まんにち》も練習《れんしゅう》し続《つづ》けることが大事《だいじ》**だというよ。そのうち、**体《からだ》が自動的《じどうてき》に剣《けん》をふるようになって、「技《わざ》」が「型《かた》」になるまで練習《れんしゅう》するんだ。**「鍛《たん》」と「練《れん》」とは、合《あ》わせて「鍛《たん》練《れん》」のことで、**きびしい修業《しゅぎょう》を通《とお》して剣術《けんじゅつ》、心身《しんしん》ともに強《つよ》くなること。**がんばって練習《れんしゅう》したからこそ、できるようになったと、のび太《た》のパパもいっているね。その分《ぶん》、喜《よろこ》びも大《おお》きいよ。

シーン39 本気《ほんき》で悩《なや》む

いっぺんでいいから本気《ほんき》で悩《なや》んでみろ!!

てんとう虫コミックス『ドラえもん』第34巻「のび太もたまには考える」 p136

ろくに勉強《べんきょう》もせず、明日《あした》の算数《さんすう》のテストに自信《じしん》がないと悩《なや》むのび太《た》に、ドラえもんのキツイ一言《ひとこと》！　この後《あと》「能力《のうりょく》カセット」が登場《とうじょう》するよ。

レオナルド・ダ・ヴィンチ　1452～1519年《ねん》

イタリア生《う》まれ。画家《がか》、建築家《けんちくか》、彫刻家《ちょうこくか》、科学者《かがくしゃ》などとして、多方面《たほうめん》で才能《さいのう》を発揮《はっき》。有名《ゆうめい》な絵画作品《かいがさくひん》に「モナ・リザ」「最後《さいご》の晩餐《ばんさん》」「受胎告知《じゅたいこくち》」など。

考《かんが》えること少《すく》なきものはあやまつ《まちがう》こと多《おお》し。

――レオナルド・ダ・ヴィンチ

齋藤先生《さいとうせんせい》の解説《かいせつ》

ダ・ヴィンチは、「万能《ばんのう》の天才《てんさい》」と呼《よ》ばれる人《ひと》。最高傑作《さいこうけっさく》と名高《なだか》い絵画《かいが》「モナ・リザ」を描《えが》いたり、1400年代《ねんだい》にヘリコプターの原型《げんけい》を考案《こうあん》したり、天文《てんもん》、建築《けんちく》…あらゆることに精通《せいつう》していたよ。

このことばはダ・ヴィンチの手記《しゅき》に書《か》かれたことば。**失敗《しっぱい》するときは、大体《だいたい》、本気《ほんき》で考《かんが》えぬいていないとき。**もちろん想定外《そうていがい》のこともあるけど、**考《かんが》えぬいた人《ひと》に想定外《そうていがい》は少《すく》なくなる。**ドラえもんがいうように本気《ほんき》で悩《なや》みぬくと道《みち》がひらけるんだ。この場合《ばあい》の考《かんが》えぬくとは、こうなったらこうすると**場面分《ばめんわ》けしてあらかじめ考《かんが》えておくこと**だよ。そうすれば、あわててまちがえることも少《すく》なくなるんだ。

シーン40　かべにぶつかれ！

だが、ここでへこたれちゃいけないんだ。
かべをつきぬけてこそ、道《みち》が開《ひら》けるのだ。

てんとう虫コミックス『ドラえもん プラス』第3巻「シャラガム」 p169

いきなりやる気《き》を出《だ》したのび太《た》。でも長続《ながつづ》きしないから、ドラえもんがなんでもやりとげる「シャラガム」を出《だ》してあげるんだけど……。

ルートヴィヒ・ヴァン・ベートーベン　1770〜1827年《ねん》

ドイツ生《う》まれの音楽家《おんがくか》。７歳《さい》で演奏会《えんそうかい》に出演《しゅつえん》するなど非凡《ひぼん》な才能《さいのう》を発揮《はっき》。20代後《だいこう》半《はん》から難聴《なんちょう》に苦《くる》しむが、「英雄《えいゆう》」「運命《うんめい》」「田園《でんえん》」などの傑作《けっさく》をつくった。

苦《くる》しみをつきぬけ、歓喜《かんき》《おおきなよろこび》にいたれ。

――ベートーベン

齋藤先生《さいとうせんせい》の解説《かいせつ》

かべのない人生《じんせい》はつまらない。大《おお》きな喜《よろこ》びというのは、つらいことや苦《くる》しいことをのりこえた先《さき》にあるものなんだ。

音楽家《おんがくか》のベートーベンは大人《おとな》になってから耳《みみ》が聞《き》こえなくなってしまった。愛《あい》する音楽《おんがく》が聞《き》こえずに、つらくて遺書《いしょ》を書《か》いたけれど、**なんとか苦《くる》しみからぬけ出《だ》し、すばらしい交響曲《こうきょうきょく》をつくった**よ。ベートーベンは、**苦《くる》しみを個人《こじん》の問題《もんだい》にとどめず、作品《さくひん》へと高《たか》めた。そこが芸術家《げいじゅつか》としてすぐれていた**んだ。

のび太《た》がいうように、苦悩《くのう》やかべをつきぬけた先《さき》には新《あたら》しい道《みち》がひらけている。「かべ、ウェルカム！」くらいの気持《きも》ちでいよう！

シーン41 向上心《こうじょうしん》

てんとう虫コミックス『ドラえもん』第2巻「ぼくの生まれた日」 p57

自分《じぶん》が生《う》まれた日《ひ》にタイムマシンでもどったのび太《た》。両親《りょうしん》が自分《じぶん》の将来《しょうらい》に期《き》待《たい》する姿《すがた》を見《み》て、心《こころ》を入《い》れかえる。

マハトマ・ガンジー　1869～1948年《ねん》

インドの政治家《せいじか》。イギリスで弁護士資格《べんごししかく》を取得《しゅとく》。南《みなみ》アフリカで人種差別反対運動《じんしゅさべつはんたいうんどう》を指導《しどう》した後《あと》、インドの独立《どくりつ》を実現《じつげん》。「マハトマ」は偉大《いだい》なたましいという意味《いみ》。

人生《じんせい》は向上心《こうじょうしん》です。その使命《しめい》は、完璧《かんぺき》を目指《めざ》して努力《どりょく》すること、つまり自己実現《じこじつげん》です。

——ガンジー

齋藤先生《さいとうせんせい》の解説《かいせつ》

ガンジーはインド独立《どくりつ》の指導者《しどうしゃ》。インドはイギリスに植民地支配《しょくみんちしはい》されていて、弱《よわ》い立場《たちば》だった。ガンジーは、インドを**他国《たこく》の支配《しはい》を受《う》けない国《くに》として独立《どくりつ》させたいと、独立運動《どくりつうんどう》を行《おこな》ったんだ。**

ガンジーがかかげたのは**「非暴力《ひぼうりょく》・不服従《ふふくじゅう》」**。**暴力《ぼうりょく》をふるわず、言《い》いなりにもならず独立《どくりつ》を目指《めざ》した**んだ。不服従《ふふくじゅう》の行動《こうどう》として有名《ゆうめい》なのが「塩《しお》の行進《こうしん》」。イギリスに制限《せいげん》されていた塩《しお》の生産《せいさん》の自由化《じゆうか》を求《もと》めて、**海岸《かいがん》まで約《やく》380キロメートルを歩《ある》き続《つづ》けた。これが独《どく》立運動《りつうんどう》の大《おお》きな転換点《てんかんてん》となったよ。**向上心《こうじょうしん》をもち続《つづ》けたガンジー。のび太《た》も向上心《こうじょうしん》をもって、なりたい自分《じぶん》を目指《めざ》せるといいね。

シーン42 家事《かじ》はだれのもの？

これからの時代《じだい》は、女性《じょせい》もどんどん社会《しゃかい》にでて働《はたら》くだろ。家事《かじ》は女性《じょせい》の専門《せんもん》というわけにいかなくなると思《おも》うよ。

てんとう虫コミックス『ドラえもん』第40巻「しずちゃんをとりもどせ」 p188

料理上手《りょうりじょうず》な出木杉《できすぎ》くんは、家事《かじ》に性別《せいべつ》は関係《かんけい》ないといい、しずかちゃんもその意見《いけん》に大賛成《だいさんせい》。のび太《た》も家事《かじ》の名人《めいじん》を目指《めざ》すよ！

平塚《ひらつか》らいてう《ちょう》 1886〜1971年《ねん》

東京《とうきょう》生《う》まれ、本名《ほんみょう》は平塚明《ひらつかはる》。女性《じょせい》の地位向上《ちいこうじょう》に取《と》り組《く》み、雑誌《ざっし》『青鞜《せいとう》』を創刊《そうかん》し、新婦人協会《しんふじんきょうかい》をつくる。第二次世界大戦後《だいにじせかいたいせんご》は平和運動《へいわうんどう》にも力《ちから》を尽《つ》くした。

元始《げんし》、女性《じょせい》は実《じつ》に太陽《たいよう》であった。

——平塚《ひらつか》らいてう《ちょう》

齋藤先生《さいとうせんせい》の解説《かいせつ》

平塚《ひらつか》らいてう《ちょう》は、女性《じょせい》の権利《けんり》を主張《しゅちょう》した人《ひと》。女性《じょせい》による雑誌《ざっし》『青鞜《せいとう》』を創刊《そうかん》した。創刊号《そうかんごう》の「発刊《はっかん》の辞《じ》」がこれだよ。**古事記《こじき》に出《で》てくる「天照大神《あまてらすおおみかみ》」という太陽《たいよう》の神様《かみさま》は女性《じょせい》だった**からね。

女性《じょせい》が選挙権《せんきょけん》を得《え》たのは、第二次世界大戦《だいにじせかいたいせん》が終《お》わったあと（1945年《ねん》）。らいてう《ちょう》たちの活動《かつどう》もあって実現《じつげん》したけど、その時代《じだい》に**女性《じょせい》の権利《けんり》を主張《しゅちょう》するのは勇気《ゆうき》がいることだった**んだ。

出木杉《できすぎ》くんがいうように、**女性《じょせい》だから男性《だんせい》だからと決《き》めつけるのはよくない**。だれもが生《い》きやすい世《よ》の中《なか》にするために、社会《しゃかい》は変化《へんか》し続《つづ》けているよ。

シーン43 読書《どくしょ》のききめ

ためしに
よんで
みなよ。
いい本《ほん》は、
よめば
きっと
きみのために
なるんだから。

てんとう虫コミックス『ドラえもん』第32巻「本はおいしくよもう」 p152

本《ほん》を読《よ》む気《き》になれないのび太《た》のために、ドラえもんはのび太《た》の本《ほん》に「本《ほん》の味《あじ》の素《もと》」をふりかける。すると、読書《どくしょ》の効能《こうのう》は意外《いがい》なところに……⁉

フランツ・カフカ 1883～1924年《ねん》

プラハ（チェコ共和国《きょうわこく》の首都《しゅと》）生《う》まれの作家《さっか》。ユダヤ人《じん》で、ドイツ語《ご》で小説《しょうせつ》を書《か》いた。社会《しゃかい》の不条理《ふじょうり》や人間《にんげん》の不安《ふあん》といった現代社会《げんだいしゃかい》に通《つう》じる問題《もんだい》を描《えが》いた。

本《ほん》は、僕《ぼく》たちの中《なか》のこおった海《うみ》をくだく斧《おの》でなければならない。

——カフカ

齋藤先生《さいとうせんせい》の解説《かいせつ》

カフカの代表作《だいひょうさく》は、**朝起《あさお》きたら巨大《きょだい》な毒虫《どくむし》になっていた主人公《しゅじんこう》の物語《ものがたり》『変身《へんしん》』**。**「不条理《ふじょうり》（絶望的《ぜつぼうてき》な状況《じょうきょう》）の作家《さっか》」**と呼《よ》ばれている。

カフカは、ただおもしろいだけの本《ほん》を読《よ》むのではなく、頭《あたま》を一撃《いちげき》するような本《ほん》、つまり**自分《じぶん》にすさまじい衝撃《しょうげき》を与《あた》える本《ほん》を読《よ》むべきだといっている**んだ。そんな本《ほん》こそが、**それまでの自分《じぶん》をこわしてくれるし、自分《じぶん》のためになる**ということだね。

ぼくは、医師《いし》で哲学者《てつがくしゃ》のシュバイツァーの本《ほん》を読《よ》んで、こんなにすごい人《ひと》がいるんだと天地《てんち》がひっくり返《かえ》るような衝撃《しょうげき》を受《う》けたことがある。キミにも、そんな本《ほん》に出会《であ》ってほしいな。

シーン44 いじわるされたら…？

いじわるされるたびにしんせつにしてやったらどうだろう。
そんなばかな。

てんとう虫コミックス『ドラえもん』第11巻「ジャイアンの心の友」 p167

ジャイアンに仕返《しかえ》しをしたいというのび太《た》に、ドラえもんがいったことば。真心《まごころ》が通《つう》じれば仲良《なかよ》くなれるといわれて、のび太《た》はジャイアンの家《いえ》に向《む》かう。

マーティン・ルーサー・キング・ジュニア　1929〜1968年《ねん》

アメリカの牧師《ぼくし》。黒人《こくじん》が人権《じんけん》を求《もと》める「公民権運動《こうみんけんうんどう》」を指導《しどう》。「I have a dream《アイ ハブ ア ドリーム》（私《わたし》には夢《ゆめ》がある）」という演説《えんぜつ》で知《し》られる。ノーベル平和賞受賞《へいわしょうじゅしょう》。

闇《やみ》を闇《やみ》で追《お》い出《だ》すことはできない。
それができるのは光《ひかり》だけ。
憎《にく》しみを憎《にく》しみで
追《お》い出《だ》すことはできない。
それができるのは愛《あい》だけ。

——キング牧師《ぼくし》

齋藤先生《さいとうせんせい》の解説《かいせつ》

アメリカの黒人解放運動《こくじんかいほううんどう》の指導者《しどうしゃ》で、キング牧師《ぼくし》と呼《よ》ばれているよ。当時《とうじ》、アラバマ州《しゅう》のバスは白人《はくじん》の席《せき》と黒人《こくじん》の席《せき》が区別《くべつ》されていて、キング牧師《ぼくし》は「バス・ボイコット運動《うんどう》」で乗車拒否《じょうしゃきょひ》をしたんだ。キング牧師《ぼくし》は、**憎《にく》しみに憎《にく》しみで対抗《たいこう》すると、憎《にく》しみの連鎖《れんさ》が続《つづ》く。愛《あい》によって憎《にく》しみが消《き》えていくと考《かんが》えていた**んだ。それはドラえもんの意見《いけん》と同《おな》じだよね。キング牧師《ぼくし》は、「非暴力《ひぼうりょく》・不服従《ふふくじゅう》」をかかげたガンジー（109ページ）から大《おお》きな影響《えいきょう》を受《う》けたよ。

イヤなことをいってくる人《ひと》をあえてほめると、意外《いがい》と仲良《なかよ》くなることもある。ただし、いじめだと感《かん》じたらすぐに大人《おとな》に相談《そうだん》しよう。

シーン45 他力《たりき》より自力《じりき》

てんとう虫コミックス『ドラえもん』第34巻「のび太もたまには考える」 p144

「能力《のうりょく》カセット」のおかげで、ドラえもんのひみつ道具《どうぐ》にたよってばかりではよくないと気《き》づいたのび太《た》。自分《じぶん》の力《ちから》でがんばるとちかうよ。

有島武郎《ありしまたけお》 1878～1923年《ねん》

大正時代《たいしょうじだい》に活躍《かつやく》した小説家《しょうせつか》。札幌農学校《さっぽろのうがっこう》（今《いま》の北海道大学《ほっかいどうだいがく》）を卒業後《そつぎょうご》、アメリカに留学《りゅうがく》。帰国《きこく》して雑誌《ざっし》『白樺《しらかば》』を創刊《そうかん》。代表作《だいひょうさく》は『生《うま》れ出《い》づる悩《なや》み』『或《あ》る女《おんな》』など。

前途《ぜんと》は遠《とお》い。そして暗《くら》い。しかし恐《おそ》れてはならぬ。恐《おそ》れない者《もの》の前《まえ》に道《みち》は開《ひら》ける。行《ゆ》け。勇《いさ》んで。小《ちい》さき者《もの》よ。

――有島武郎《ありしまたけお》

齋藤先生《さいとうせんせい》の解説《かいせつ》

有島《ありしま》の妻《つま》は、幼《おさな》い3人《にん》の子《こ》を残《のこ》して病気《びょうき》で亡《な》くなってしまった。そんな子《こ》どもたちのために書《か》いた『小《ちい》さき者《もの》へ』という短編小説《たんぺんしょうせつ》のラストの一節《いっせつ》。**母《はは》との別《わか》れがあり、人生《じんせい》はつらいことがたくさんあるだろうけれど、勇気《ゆうき》をもって前《まえ》に進《すす》んでほしいという父《ちち》の思《おも》いが表《あらわ》れているよ。**のび太《た》が自分《じぶん》の力《ちから》で前《まえ》に進《すす》んでいこうと決心《けっしん》したように、3人《にん》の子《こ》にも強《つよ》い気持《きも》ちをもってほしかったんだね。

有島《ありしま》は、農民《のうみん》たちがみんなで協力《きょうりょく》して農業《のうぎょう》ができるように、自分《じぶん》の農場《のうじょう》を無料《むりょう》で小作人《こさくにん》たちに解放《かいほう》したよ。**ひとりひとりの力《ちから》は小《ちい》さいけれど、力《ちから》を合《あ》わせればやりとげられる。**そう信《しん》じていたんだね。

❶

❶ てんとう虫コミックス
『ドラえもん』第6巻
「さようなら、ドラえもん」p175

❷❸『大長編ドラえもん vol.6
のび太の宇宙小戦争』
p166、p99

❹『大長編ドラえもん vol.2
のび太の宇宙開拓史』p181

❷

❸

勇気名場面《ゆうきめいばめん》

❹

さようなら、ドラえもん

まてえ、このやろう。
たすけてえ、ドラえもん。
ピタ
おぼえてろっ。
こんどあった時《とき》、ぼろぼろにしてやるぞ。
こわくないよ、ベエー。
あれかしてよ。
ほら、いつか使《つか》ったやつ。けんかに強《つよ》くなるの。
ひとりでできないけんかなら、するな！
おい、どうしたんだよ。ドラえもん。
こないだから……。
いおういおうと思《おも》ってたが……。
帰《かえ》る？
未来《みらい》の世界《せかい》へ？

なんとかして。

ドラちゃんにはドラちゃんのつごうがあるのよ。

わがままいわないで。

ひとにたよってばかりいては、いつまでたっても一人前《いちにんまえ》になれんぞ。男《おとこ》らしくあきらめろ。

のび太《た》がすっかりおせわになったね。

いえいえ。

あすの朝《あさ》、行《い》っちゃうの？さびしくなるわ。

ねむれない。
ぼくも。
朝《あさ》までお話《はなし》しよう。
ねむらなくてもつかれないくすり。
お月《つき》さまがきれいだ。
のび太《た》くん……。
ほんとうにだいじょうぶかい？
なにが？
できることなら……、帰《かえ》りたくないんだ。
きみのことが、心配《しんぱい》で心配《しんぱい》で……。
ひとりで宿題《しゅくだい》やれる？
ジャイアンやスネ夫《お》にいじわるされても、やりかえしてやれる？
ばかにすんな！ひとりでちゃんとやれるよ。
約束《やくそく》する！

ホロリ
グスン
ちょ、ちょっとそのへんを、散歩《さんぽ》してくる……。
なみだを見《み》せたくなかったんだな。
いいやつだなあ。
フラ
フラ
ジャイアン！
あいつときどきねぼけて、夜中《よなか》に散歩《さんぽ》するんだ。
ハッ
だれだっ、そこでにやにやしてるのは！
なんだのび太《た》か。
おれがねぼけてるところをよくも見《み》たな。

ゆるせねえ！
わあっ、ドラ…。
だれかぼくを、
よんだような…。
ちょっとまった！
？
のび太《た》くうん。
けんかなら、ドラえもんぬきでやろう。
ほほう……。
えらいな、おまえ。
そうこなくっちゃ。
ガツ

先《さき》に帰《かえ》ったのかな。
いない……。
ボカ
ドカ
ギュ
どんなもんだい。
二度《にど》とおれにさからうな。
まて！
まだまけないぞ。
なんだおまえ。
まだ、なぐられたりないのか。
なにを。勝負《しょうぶ》はこれからだ。
ヤッ
おかしい。もう一時間《じかん》もたった。
どこで何《なに》してんだ。
さいごの晩《ばん》まで、ひとに心配《しんぱい》かけて。

ふうふう。これでこりたか。
なんどやっても同《おな》じことだぞ。はあ、はあ。いいかげんにあきらめろ。
！
ズルッ
ぼくだけの力《ちから》で、きみにかたないと……。
ドラえもんが安心《あんしん》して……、
帰《かえ》れないいんだ！
しったことか！
ただごとじゃないよ、こりゃ。
見《み》てくる。
のび太《た》くうん。

いてて、やめろってば。
悪《わる》かった、おれのまけだ。ゆるせ。
のび太《た》くん！
かったよ、ぼく。
見《み》たろ、ドラえもん。
かったんだよ。
ぼくひとりで。
もう安心《あんしん》して帰《かえ》れるだろ、ドラえもん。

てんとう虫コミックス『ドラえもん』第6巻「さようなら、ドラえもん」

人《じん》生《せい》のことば

シーン46 ひとりでも、大丈夫《だいじょうぶ》

ドラえもん、きみが帰《かえ》ったらへやががらんとしちゃったよ。でも……すぐになれると思《おも》う。だから……、心配《しんぱい》するなよドラえもん。
LOVE

てんとう虫コミックス『ドラえもん』第6巻「さようなら、ドラえもん」 p177

ドラえもんが未来《みらい》の世界《せかい》に帰《かえ》ってしまった朝《あさ》。がらんとした部屋《へや》にひとりすわるのび太《た》は、心《こころ》の中《なか》でドラえもんに話《はな》しかけるんだ。

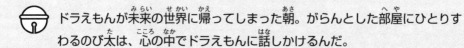

井伏鱒二《いぶせますじ》 1898〜1993年《ねん》

広島県《ひろしまけん》生《う》まれ、作家《さっか》。『山椒魚《さんしょううお》』で高《たか》い評価《ひょうか》を受《う》け、『ジョン万次郎漂流記《まんじろうひょうりゅうき》』で直《なお》木賞受賞《きしょうじゅしょう》。ユーモアと悲《かな》しみをからませた独特《どくとく》の作風《さくふう》を確立《かくりつ》した。

「サヨナラ」ダケガ人生《じんせい》ダ

——井伏鱒二《いぶせますじ》

齋藤先生《さいとうせんせい》の解説《かいせつ》

中国《ちゅうごく》の詩人《しじん》、于武陵《うぶりょう》の「勧酒《かんしゅ》」という詩《し》の一節《いっせつ》で、別《わか》れを惜《お》しみながら酒《さけ》をくみかわすというものだよ。井伏鱒二《いぶせますじ》の訳《やく》が絶妙《ぜつみょう》で、**日《に》本人《ほんじん》の心《こころ》に深《ふか》く残《のこ》り、多《おお》くの人《ひと》に知《し》られることばになった**んだ。

別《わか》れはさびしいけれど、人生《じんせい》はさよならに次《つ》ぐさよならの連続《れんぞく》。引《ひ》っこしや卒業《そつぎょう》など、別《わか》れはいつもそばにある。のび太《た》はさびしさをぐっとのみこんで前《まえ》を向《む》いているね。

別《わか》れのさびしさを見《み》ないようにしてやり過《す》ごすのではなく、しっかり味《あじ》わうことも人生《じんせい》を豊《ゆた》かにする方法《ほうほう》だよ。引《ひ》っこしや卒業《そつぎょう》は別《わか》れだけど、**新《あら》たな人生《じんせい》の門出《かどで》の祝祭《しゅくさい》**ともいえるよ。

シーン47 悪《わる》い大人《おとな》をしかる

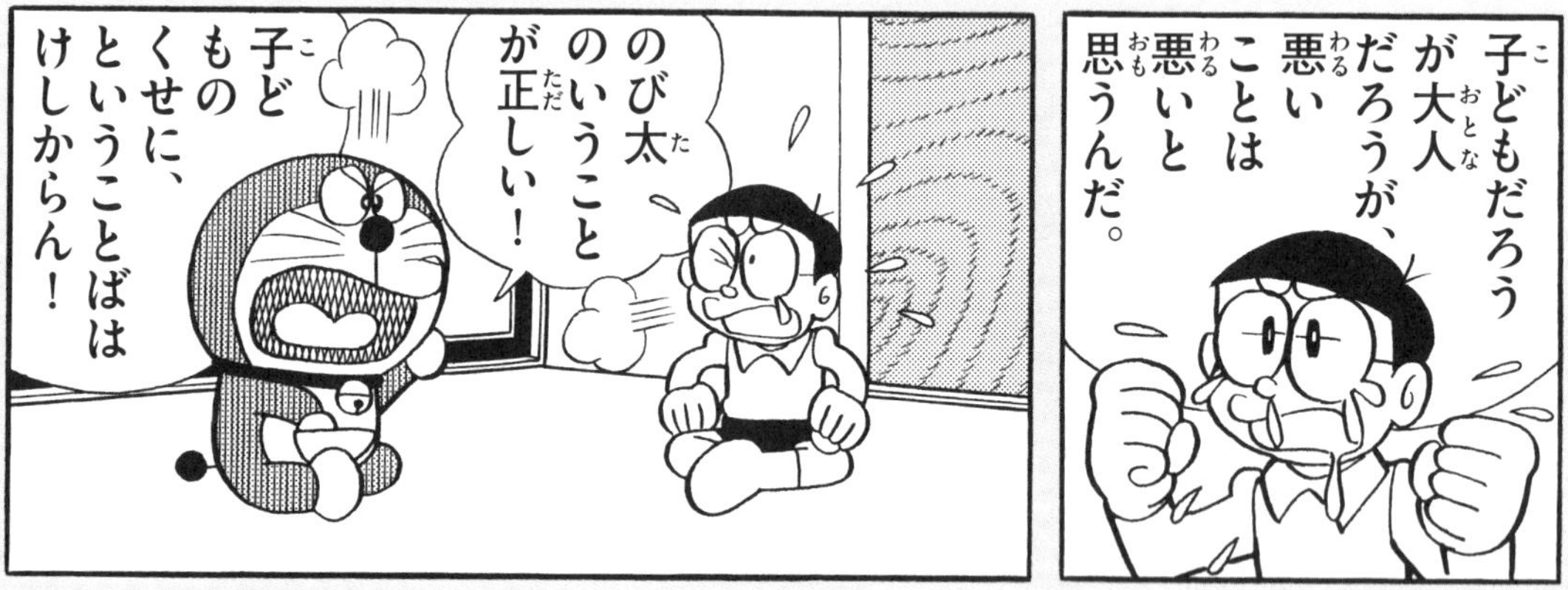

てんとう虫コミックス『ドラえもん』第33巻「大人をしかる腕章」 p54

タバコをポイ捨《す》てした大人《おとな》に注意《ちゅうい》したら、逆《ぎゃく》にしかられてしまったのび太《た》。
怒《おこ》ったドラえもんは、「大人《おとな》をしかる腕章《わんしょう》」をのび太《た》に貸《か》すよ。

エーリヒ・ケストナー　1899〜1974年《ねん》

ドイツの詩人《しじん》、児童文学作家《じどうぶんがくさっか》。貧《まず》しい家庭《かてい》で育《そだ》つが、大学《だいがく》に進学《しんがく》し、文芸活動《ぶんげいかつどう》を始《はじ》める。作家《さっか》になり、代表作《だいひょうさく》は『飛《と》ぶ教室《きょうしつ》』『エミールと探偵《たんてい》たち』など。

子《こ》どもの涙《なみだ》は おとなの涙《なみだ》より ちいさいなんてことはない。

——エーリヒ・ケストナー

齋藤先生《さいとうせんせい》の解説《かいせつ》

ケストナーの『飛《と》ぶ教室《きょうしつ》』の一節《いっせつ》。寄宿学校《きしゅくがっこう》（共同生活《きょうどうせいかつ》をする学校《がっこう》）に通《かよ》う高校生《こうこうせい》たちが、クリスマスの劇《げき》「飛《と》ぶ教室《きょうしつ》」の練習《れんしゅう》をする中《なか》で起《お》こるさまざまな物語《ものがたり》が描《えが》かれているよ。

大人《おとな》になると、子《こ》どものころの気持《きも》ちを忘《わす》れてしまって、子《こ》どもにだって悲《かな》しいことやみじめなことがあるのに、それを理解《りかい》できなくなってしまう、ともケストナーはいっている。子《こ》どもの感情《かんじょう》を軽《かる》く見《み》てはいけないし、**子《こ》どもには子《こ》どもの世界《せかい》がある。**ドラえもんがいう通《とお》り、**「子《こ》どものくせに」なんていわれたら悲《かな》しいよね。**子《こ》どもの涙《なみだ》の方《ほう》が重《おも》いことだってたくさんあるんだ。

シーン48 ○ 時《とき》の流《なが》れ

てんとう虫コミックス『ドラえもん』第34巻「『時』はゴウゴウと流れる」 p76

ドラえもんは、「タイムライト」で時《とき》の流《なが》れを照《て》らして見《み》せることで、のび太《た》に時間《じかん》の大切《たいせつ》さを教《おし》えたんだ。

ヘラクレイトス 紀元前《きげんぜん》540〜紀元前《きげんぜん》480?年《ねん》

古代《こだい》ギリシャの哲学者《てつがくしゃ》。王族《おうぞく》の家《いえ》に生《う》まれる。物事《ものごと》の根源《こんげん》は「火《ひ》」であるとし、「パンタ・レイ（万物《ばんぶつ》は流転《るてん》する）」という考《かんが》えを提示《ていじ》した。

万物《ばんぶつ》は流転《るてん》する《うつりかわっていく》。

——ヘラクレイトス

齋藤先生《さいとうせんせい》の解説《かいせつ》

すべてのものは変《か》わっていくという意味《いみ》。このことばはヘラクレイトスの考《かんが》えを表《あらわ》したもの。ヘラクレイトスは、**世界《せかい》は“変《か》わらずにある”のではなく、“変化《へんか》しながら生《う》まれる”と考《かんが》えた**んだ。

「同《おな》じ川《かわ》に二度《にど》は入《はい》れない」ということばもあって、**目《め》の前《まえ》にある川《かわ》の水《みず》は次《つぎ》の瞬間《しゅんかん》には流《なが》れていってしまうから、同《おな》じ水《みず》ではない。**風《かぜ》も雲《くも》も、同《おな》じものはない。その変化《へんか》を起《お》こすのが「時間《じかん》」なんだ。

キミだって、今日《きょう》のキミと1年前《ねんまえ》のキミとでは確実《かくじつ》にちがうよね。ドラえもんがいうように、時間《じかん》は待《ま》ってはくれない。**だから今《いま》を大切《たいせつ》にしなくてはいけないし、変化《へんか》を受《う》け入《い》れることも必要《ひつよう》**なんだ。

シーン49　正直者《しょうじきもの》

しょうじきのごほうびに、きれいなジャイアンをあげましょう。

てんとう虫コミックス『ドラえもん』第36巻「きこりの泉」 p168

落《お》としたものを正直《しょうじき》にいうと、ピカピカのものがもらえる「きこりの泉《いずみ》」。ジャイアンが落《お》ちたら、きれいなジャイアンが出《で》てきた！

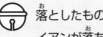

新渡戸稲造《にとべいなぞう》 **1862〜1933年《ねん》**

今《いま》の岩手県《いわてけん》生《う》まれ、教育者《きょういくしゃ》。武士《ぶし》の家《いえ》に生《う》まれ、札幌農学校《さっぽろのうがっこう》（今《いま》の北海道大学《ほっかいどうだいがく》）でキリスト教徒《きょうと》になる。英語《えいご》で『武士道《ぶしどう》』を書《か》き、世界的《せかいてき》なベストセラーに。

「正直《しょうじき》」と「信用《しんよう》」は何《なに》よりも確《たし》かな保証《ほしょう》である

——新渡戸稲造《にとべいなぞう》

斎藤先生《さいとうせんせい》の解説《かいせつ》

新渡戸稲造《にとべいなぞう》は**『武士道《ぶしどう》』**の著者《ちょしゃ》。**『武士道《ぶしどう》』は日本人《にほんじん》の道徳心《どうとくしん》について書《か》かれたもの**で、もともとは外国《がいこく》の人向《ひとむ》けに書《か》かれた英語《えいご》の本《ほん》。それを後《あと》から日本語《にほんご》に訳《やく》したものだよ。

新渡戸稲造《にとべいなぞう》は、**「正直《しょうじき》」であると「信用《しんよう》」が得《え》られるし、「信用《しんよう》」があると商売《しょうばい》も人間関係《にんげんかんけい》もよくなると考《かんが》えていて、「正直《しょうじき》は得《とく》だ」とまでいっているよ。**正直者《しょうじきもの》にはごほうびがあるんだね。

正直《しょうじき》がよいというのは、今《いま》の時代《じだい》にもいえること。今《いま》はインターネットを使《つか》ってさまざまな情報《じょうほう》を集《あつ》められるから、うそをついてもすぐバレる。**正直《しょうじき》でいるのが一番《いちばん》**だよ。

シーン50 自分《じぶん》しかいない

けっきょく人《ひと》はみな孤独《こどく》なんだなあ……。

藤子・F・不二雄大全集『ドラえもん16』「記憶とり出しレンズ」 p698

明日《あした》のテスト勉強《べんきょう》に苦戦《くせん》しているのび太《た》は、ドラえもんに助《たす》けを求《もと》めるけれどつれない返事《へんじ》。のび太《た》は、「たよれるのは自分《じぶん》だけ」とさとるよ。

尾崎放哉《おざきほうさい》 1885～1926年《ねん》

鳥取県《とっとりけん》生《う》まれ、俳人《はいじん》。中学生《ちゅうがくせい》から俳句《はいく》をつくり、東京帝国大学《とうきょうていこくだいがく》（今《いま》の東京大学《とうきょうだいがく》）法《ほう》学部《がくぶ》を出《で》て保険会社《ほけんがいしゃ》に勤《つと》めたが、会社《かいしゃ》も家庭《かてい》も捨《す》てて俳句《はいく》づくりの旅《たび》に出《で》る。

咳《せき》をしても一人《ひとり》

――尾崎放哉《おざきほうさい》

齋藤先生《さいとうせんせい》の解説《かいせつ》

尾崎放哉《おざきほうさい》は、安定《あんてい》した生活《せいかつ》になじめずに、俳句《はいく》の世界《せかい》に没頭《ぼっとう》した人《ひと》。**五七五《ごしちご》という型《かた》にとらわれない自由律俳句《じゆうりつはいく》を多《おお》くつくった**よ。咳《せき》をすると、人《ひと》から「大丈夫《だいじょうぶ》？」と声《こえ》をかけられるものだけれど、放哉《ほうさい》に声《こえ》をかける人《ひと》はいない。だから、**咳《せき》をしたときに、やっぱり自分《じぶん》はひとりぼっちだと孤独《こどく》を強《つよ》く感《かん》じた**んだ。

ぼくは静岡《しずおか》の高校《こうこう》を出《で》て東京《とうきょう》の大学《だいがく》に行《い》ったときに、はじめてひとり暮《ぐ》らしをした。ご飯《はん》を食《た》べてもひとり、音楽《おんがく》を聴《き》いてもひとりだったけど、**放哉《ほうさい》の句《く》を読《よ》むと、孤独《こどく》なのは自分《じぶん》だけじゃないと気《き》持《も》ちが落《お》ち着《つ》いたよ。**放哉《ほうさい》の句《く》はなぐさめにもなるんだ。

シーン51 ひとりぼっち

てんとう虫コミックス『ドラえもん』第38巻「無人境ドリンク」 p143

次々《つぎつぎ》とイヤなことが起《お》こり、ひとりになりたいというのび太《た》。いざ、だれもいなくなるとさびしくなってしまうよ。

種田山頭火《たねださんとうか》 1882〜1940年《ねん》

山口県《やまぐちけん》生《う》まれ、俳人《はいじん》。大正《たいしょう》から昭和《しょうわ》にかけて活躍《かつやく》。事業《じぎょう》の破産《はさん》や離婚《りこん》、酒《さけ》による失敗《しっぱい》などの末《すえ》、禅僧《ぜんそう》となり旅《たび》に出《で》る。字数《じすう》や季語《きご》にとらわれない自由律俳句《じゆうりつはいく》をよんだ。

まっすぐな道《みち》でさみしい

―― 種田山頭火《たねださんとうか》

齋藤先生《さいとうせんせい》の解説《かいせつ》

自分《じぶん》はひとりぼっちだと思《おも》うことはあるかな？ のび太《た》はとてもさびしそうだね。この俳句《はいく》は、**まわりを見《み》わたしてもだれもいない、ただただまっすぐな道《みち》をひとりで歩《ある》くさびしさ**をうたったもの。

山頭火《さんとうか》は、**孤独《こどく》の中《なか》で自分《じぶん》と向《む》き合《あ》って俳句《はいく》をつくり続《つづ》けた人《ひと》。**事業《じぎょう》に失敗《しっぱい》して、家族《かぞく》とはなれて、ひとりで放浪《ほうろう》の旅《たび》に出《で》て俳句《はいく》をつくったんだ。「どうしようもないわたしが歩《ある》いている」という俳《はい》句《く》も有名《ゆうめい》だよ。山頭火《さんとうか》は、どんな自分《じぶん》も自分《じぶん》の味方《みかた》なのだ、と**俳句《はいく》で自分自身《じぶんじしん》を肯定《こうてい》しているんじゃないかな。**山頭火《さんとうか》の俳句《はいく》は、ひとりぼっちになったとき、勇気《ゆうき》をもらえるよ。

シーン52　みんな消《き》えた

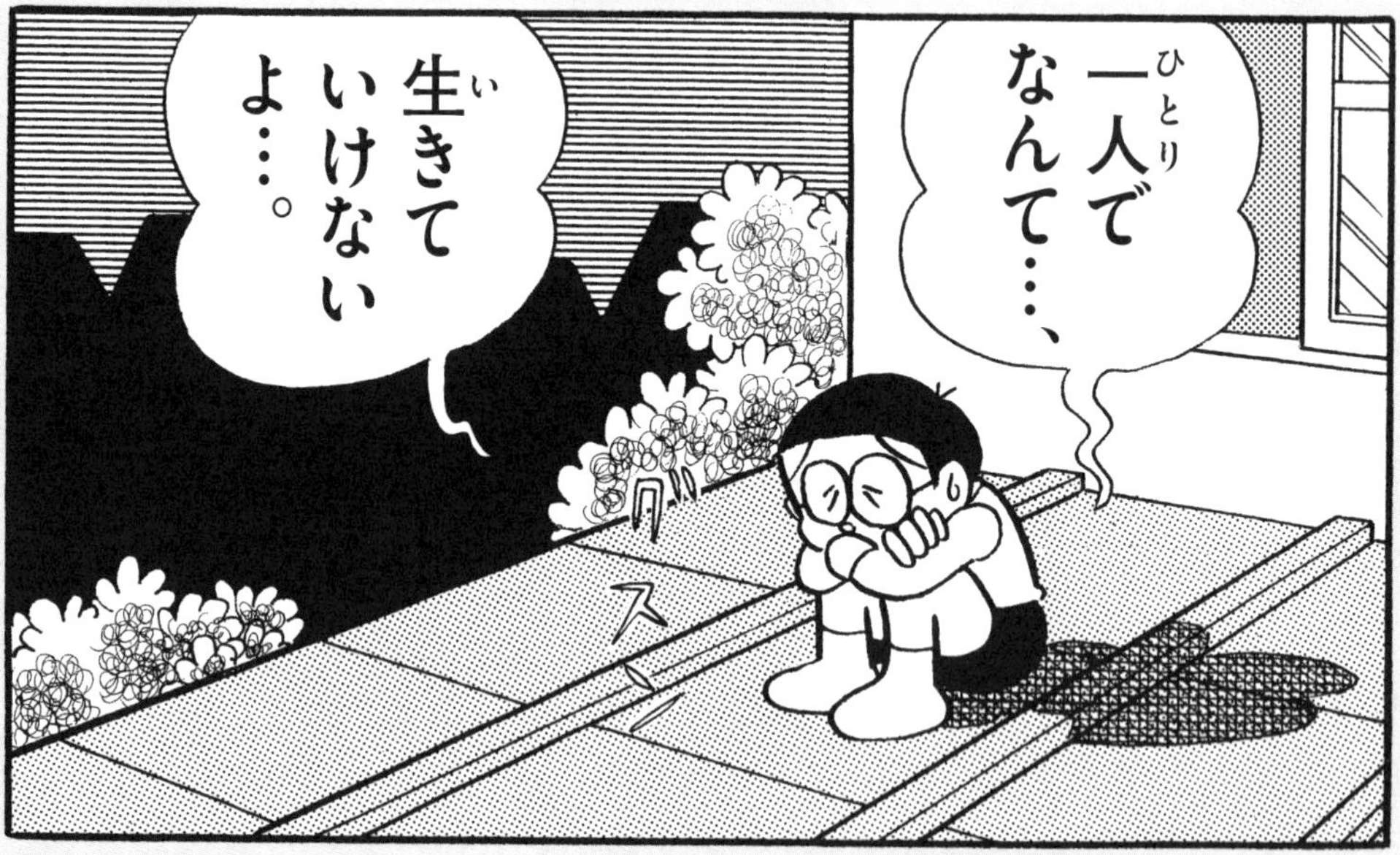

てんとう虫コミックス『ドラえもん』第15巻「どくさいスイッチ」　p139

消《け》したい人《ひと》を消《け》せる「どくさいスイッチ」をおしてしまい、世界中《せかいじゅう》の人《ひと》が消《き》えてしまった！　のび太《た》は我《われ》に返《かえ》って、反省《はんせい》するんだ。

アリストテレス 紀元前《きげんぜん》384～紀元前《きげんぜん》322年《ねん》

古代《こだい》ギリシャの哲学者《てつがくしゃ》。プラトンの弟子《でし》であり、アレクサンドロス大王《だいおう》の家庭教師《かていきょうし》を務《つと》めた。多分野《たぶんや》で功績《こうせき》を残《のこ》し「万学《ばんがく》の祖《そ》」と呼《よ》ばれる。

人間《にんげん》は本来《ほんらい》ポリス《きょうどうたい（しゃかい）》的《てき》動物《どうぶつ》である。

——アリストテレス

齋藤先生《さいとうせんせい》の解説《かいせつ》

ソクラテス（187ページ）の弟子《でし》のプラトンの弟子《でし》がアリストテレス。**あらゆる学問《がくもん》に通《つう》じる天才《てんさい》で、西洋最大《せいようさいだい》の哲学者《てつがくしゃ》のひとり**といわれるよ。このことばは『政治学《せいじがく》』という本《ほん》のはじめの方《ほう》に書《か》いてあるんだ。ここでいう**「ポリス」とは共同体《きょうどうたい》（助《たす》け合《あ》って生《い》きる集《あつ》まり）のこと**。アリストテレスは、**人間《にんげん》はもともと共同体《きょうどうたい》をつくる生《い》きもので、共同体《きょうどうたい》は「善《ぜん》（よいこと）」を目指《めざ》すものだ**というよ。

のび太《た》のように気《き》に入《い》らない人《ひと》を消《け》して、ひとりぼっちになってしまったら、人間的《にんげんてき》で豊《ゆた》かな活動《かつどう》はできなくなってしまう。どうしたら人《ひと》と助《たす》け合《あ》って、より幸《しあわ》せに生《い》きられるかを考《かんが》えたいね。

シーン53 考《かんが》えなさい！

頭《あたま》はね、つかえばつかうほどよくなるの！
ほったらかしておくと、サビついてうごかなくなっちゃうのよ!!

てんとう虫コミックス『ドラえもん』第32巻「のび太も天才になれる?」 p15

頭《あたま》を使《つか》って考《かんが》えなさい、とママに怒《おこ》られたのび太《た》は、「宇宙救命《うちゅうきゅうめい》ボート」で地球《ちきゅう》に似《に》た別《べつ》の星《ほし》に着陸《ちゃくりく》。そこではなぜか天才扱《てんさいあつか》いされるよ。

ブレーズ・パスカル　1623〜1662年《ねん》

フランスの哲学者《てつがくしゃ》、数学者《すうがくしゃ》。幼少期《ようしょうき》に数学《すうがく》の才能《さいのう》を開花《かいか》させ、17歳《さい》で世界初《せかいはつ》の計《けい》算機《さんき》を制作《せいさく》。39歳《さい》で亡《な》くなり、死後《しご》『パンセ』が出版《しゅっぱん》される。

人間《にんげん》はか弱《よわ》い葦《あし》のようなもの。しかし考《かんが》える葦《あし》である。

——パスカル

齋藤先生《さいとうせんせい》の解説《かいせつ》

パスカルの『パンセ（フランス語《ご》で「考《かんが》え」）』の一節《いっせつ》だよ。葦《あし》はススキのような植物《しょくぶつ》。**人間《にんげん》も、葦《あし》のように弱《よわ》くてたよりない存在《そんざい》だけど、葦《あし》とちがうのは「考《かんが》える」能力《のうりょく》があること。**人間《にんげん》は、**考《かんが》えることによって頭《あたま》の中《なか》が無限《むげん》に広《ひろ》がっていく。**宇宙《うちゅう》の果《は》てはだれも見《み》たことがないけれど、宇宙《うちゅう》を考《かんが》える人間《にんげん》の頭《あたま》の中《なか》もまた、果《は》てしない。ものを考《かんが》えるというのは、パワーのあることなんだ。

ただ、機械《きかい》と同《おな》じで、使《つか》っていないとさびてしまう。**考《かんが》え続《つづ》けていないと、頭《あたま》は働《はたら》かなくなってしまうよ。**のび太《た》のママがいうことにも一理《いちり》ある。考《かんが》えることを惜《お》しまず、いつもフル回転《かいてん》でいよう！

シーン54 頭《あたま》をよくする

ほんとに頭《あたま》をよくしたいな。
それには勉強《べんきょう》するしかないか……。

てんとう虫コミックス『ドラえもん』第39巻「ハンディキャップ」 p43

のび太《た》は、みんなが自分《じぶん》と同《おな》じ能力《のうりょく》になるひみつ道具《どうぐ》「ハンディキャップ」をかぶったものの、本当《ほんとう》に頭《あたま》をよくするには勉強《べんきょう》するしかないと気《き》づいたよ。

佐藤一斎《さとういっさい》 1772〜1859年《ねん》

江戸時代《えどじだい》の儒学者《じゅがくしゃ》。昌平坂学問所《しょうへいざかがくもんじょ》のトップを務《つと》め、数千人《すうせんにん》の門下生《もんかせい》が学《まな》んだ。朱子学《しゅしがく》のほか陽明学《ようめいがく》にも通《つう》じ、一斎《いっさい》のことばは『言志四録《げんししろく》』にまとまっている。

少《しょう》にして学《まな》べば、
則《すなわ》ち壮《そう》《ちゅうねん》にして為《な》すこと有《あ》り《せいこうする》。
壮《そう》にして学《まな》べば、則《すなわ》ち老《お》いて衰《おとろ》えず。
老《お》いて学《まな》べば、則《すなわ》ち死《し》して朽《く》ちず。

――佐藤一斎《さとういっさい》

齋藤先生《さいとうせんせい》の解説《かいせつ》

このことばは『言志四録《げんししろく》』という江戸《えど》時代《じだい》の本《ほん》に書《か》かれているよ。この本《ほん》は西郷隆盛《さいごうたかもり》（33ページ）の愛読書《あいどくしょ》としても有名《ゆうめい》。

若《わか》いときに学《まな》ぶと、大人《おとな》になって立派《りっぱ》なことができる。大人《おとな》になって学《まな》ぶと、年《とし》をとってもおとろえない。老《お》いて学《まな》ぶと、死《し》んでもその名《な》が忘《わす》れられることはない、ということ。若《わか》いとき、中年《ちゅうねん》、老年《ろうねん》とずっと学《まな》び続《つづ》けることが必要《ひつよう》で、これを「**三学《さんがく》の教《おし》え**」というよ。

頭《あたま》がいいから勉強《べんきょう》ができるのではなく、勉強《べんきょう》するから頭《あたま》がよくなる。 例《たと》えば漢字《かんじ》が書《か》けないと、どんなに地頭《じあたま》がよくても限界《げんかい》がきてしまう。のび太《た》もそのことに気《き》づきはじめているね。

シーン55 正義《せいぎ》は勝《か》つ！

きみがいじめられたとしたらどんな気《き》がする。自分《じぶん》がいやなことは人《ひと》にもするな。

てんとう虫コミックス『ドラえもん』第37巻「ふきかえ糸電話」 p128

いじめられていたネコは、ドラえもんの「ふきかえ糸電話《いとでんわ》」のおかげでいじめっ子《こ》を撃退《げきたい》した！

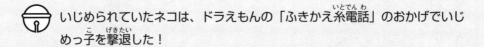

孔子《こうし》 紀元前《きげんぜん》551?〜紀元前《きげんぜん》479?年《ねん》

約《やく》2500年前《ねんまえ》の中国《ちゅうごく》の思想家《しそうか》。孔子《こうし》の教《おし》えはのちに儒教《じゅきょう》となって日本《にほん》に大《おお》きな影響《えいきょう》を与《あた》え、弟子《でし》たちが孔子《こうし》のことばを『論語《ろんご》』という書物《しょもつ》にまとめた。

己《おのれ》《じぶん》の欲《ほっ》せざる《ほしくない》所《ところ》《ことやもの》は、人《ひと》に施《ほどこ》すこと勿《な》かれ《しないように》。

―― 孔子《こうし》

齋藤先生《さいとうせんせい》の解説《かいせつ》

弟子《でし》が孔子《こうし》に「一生《いっしょう》をかけて行《おこな》うべきことはなんですか？」と聞《き》いたら、**「それは思《おも》いやりだ」**と答《こた》え、**「自分《じぶん》が望《のぞ》まないことは、人《ひと》にもしないように」**といった。つまり、**思《おも》いやりをもって人《ひと》と接《せっ》することは、一生《いっしょう》をかける価値《かち》のあることだ**という意味《いみ》だよ。

いじめたり無視《むし》したり、悪口《わるぐち》をいったりする人《ひと》は、そんなつもりはなかったというかもしれないけれど、そのことで相手《あいて》がどんな気《き》持《も》ちになるかを考《かんが》えなくてはいけない。ドラえもんは、いじめられていたネコの気持《きも》ちがよくわかっていたんだね。**イヤなことをしたら、いつか自分《じぶん》に返《かえ》ってくる。**それを因果応報《いんがおうほう》というんだよ。

シーン56 じっくりやろう

てんとう虫コミックス『ドラえもん』第20巻「へやいっぱいの大ドラやき」 p127

ドラえもんは、水《みず》からどら焼《や》きをつくる実験《じっけん》をしているよ。気持《きも》ちがはやるのび太《たた》に対《たい》して、ドラえもんはあせらずコツコツやろうとしているんだ。

徳川家康《とくがわいえやす》 1542〜1616年《ねん》

1600年《ねん》の関ヶ原《せきがはら》の戦《たたか》いに勝利《しょうり》して江戸幕府《えどばくふ》をひらく。大名《だいみょう》をおさめる法令《ほうれい》「武家諸法度《ぶけしょはっと》」や朝廷《ちょうてい》の法令《ほうれい》「禁中並公家諸法度《きんちゅうならびにくげしょはっと》」をつくり、約《やく》260年続《ねんつづ》く太平《たいへい》の世《よ》を築《きず》く。

人《ひと》の一生《いっしょう》は重荷《おもに》を負《おう》て《せおって》遠《とお》き道《みち》をゆくがごとし《ようだ》、いそぐべからず《いそいではいけない》。

―― 徳川家康《とくがわいえやす》

齋藤先生《さいとうせんせい》の解説《かいせつ》

これは、徳川家康《とくがわいえやす》が遺《のこ》した教《おし》え（遺訓《いくん》）の最初《さいしょ》に書《か》かれていることば。家康《いえやす》は、**長《なが》く続《つづ》いた戦国《せんごく》の世《よ》を終《お》わらせて、江戸時代《えどじだい》を築《きず》いた将軍《しょうぐん》**だよ。江戸時代《えどじだい》は約《やく》２６０年《ねん》もの間安定《あいだあんてい》して続《つづ》いたんだ。江戸《えど》時代《じだい》の前《まえ》は戦国時代《せんごくじだい》で織田信長《おだのぶなが》・豊臣秀吉《とよとみひでよし》という強《つよ》い武将《ぶしょう》がいたけれど、**家康《いえやす》はふたりを武力《ぶりょく》で倒《たお》そうとはせずじっとチャンスを待《ま》った**。そうやって、信長《のぶなが》が死《し》に、秀吉《ひでよし》が死《し》んだ後《あと》で天下《てんか》をとったんだ。

重《おも》い荷物《にもつ》を背負《せお》って長《なが》い道《みち》を歩《ある》くように、急《いそ》がず、じっくりとよいタイミングを待《ま》った家康《いえやす》。あせると、物事《ものごと》はうまくいかない。ドラえもんがいうように、気長《きなが》に考《かんが》えることも大事《だいじ》だよ。

シーン57 ぱっぱとやる

てんとう虫コミックス『ドラえもん』第5巻「のろのろ、じたばた」 p7

のんびりしすぎているとドラえもんに注意《ちゅうい》されたのび太《た》。この後《あと》、動《うご》きが速《はや》くなる「クイック」とおそくなる「スロー」の薬《くすり》が出《で》てくるよ。

孫子《そんし》 生没年不詳《せいぼつねんふしょう》

中国《ちゅうごく》・春秋時代《しゅんじゅうじだい》の兵法家《へいほうか》。名《な》は孫武《そんぶ》。兵法《へいほう》（戦《たたか》うための方法《ほうほう》）にたけていて、その方法《ほうほう》をまとめた『孫子《そんし》』を著《あらわ》したとされている。

不利《ふり》な戦《たたか》いを素早《すばや》く終《お》えることはあっても、長引《ながび》いてうまくいく例《れい》はない。

※現代語訳《げんだいごやく》

――孫子《そんし》

齋藤先生《さいとうせんせい》の解説《かいせつ》

孫子《そんし》は**戦《たたか》いを知《し》り尽《つ》くしていた人《ひと》。戦《たたか》いに時間《じかん》がかかれば、その分《ぶん》、兵士《へいし》の食料《しょくりょう》や武器《ぶき》・武具《ぶぐ》にお金《かね》がかかるし、疲《つか》れて体力《たいりょく》もなくなってくるから、短期決戦《たんきけっせん》がいいい**という。「ぱっぱっとやらなくちゃ」というドラえもんは、宿題《しゅくだい》の短期決戦《たんきけっせん》をすすめているんだ。

テストのときは、まちがえないようにゆっくり最初《さいしょ》からやるよりも、とりあえず最後《さいご》の問題《もんだい》まで手《て》をつけてみることも大事《だいじ》。そうしないと、できるはずの問題《もんだい》があるのに、それに気《き》づかずに時間切《じかんぎ》れになってしまう。**できる問題《もんだい》とできない問題《もんだい》の見《み》きわめをして、できる問題《もんだい》をまず確実《かくじつ》にやる方《ほう》が、点数《てんすう》がとれる**よ。

シーン58 他人《たにん》より自分《じぶん》

てんとう虫コミックス『ドラえもん』第12巻「ベロ相うらない大当たり!」 p23

売《う》れない小説《しょうせつ》を書《か》いている人《ひと》が、5年後《ねんご》もあきらめないでいることを知《し》ったのび太《た》とドラえもん。自分《じぶん》を信《しん》じることの大切《たいせつ》さを知《し》るよ。

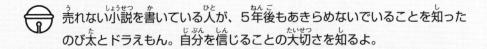

坂本龍馬《さかもとりょうま》 1835～1867年《ねん》

今《いま》の高知県《こうちけん》生まれの下級武士《かきゅうぶし》。江戸《えど》で勝海舟《かつかいしゅう》の弟子《でし》になり、その後《ご》「海援隊《かいえんたい》」を組《そ》織《しき》し貿易《ぼうえき》を行《おこな》う。敵対《てきたい》する薩摩藩《さつまはん》と長州藩《ちょうしゅうはん》の仲《なか》をとりもち、大政奉還《たいせいほうかん》を実現《じつげん》させた。

世《よ》の人《ひと》はわれに
なにとも《なんとでも》ゆは《わ》ばいへ《え》《いうならいいなさい》
わがなすこと《なしとげること》は
われのみぞしる。

――坂本龍馬《さかもとりょうま》

齋藤先生《さいとうせんせい》の解説《かいせつ》

世《よ》の中《なか》の人《ひと》が何《なに》をいってもかまわない、自分《じぶん》の信《しん》じた道《みち》を行《い》くんだ、という意味《いみ》だよ。龍馬《りょうま》は、当時《とうじ》、絶対《ぜったい》に不可能《ふかのう》と思《おも》われていた薩長同盟《さっちょうどうめい》（薩摩藩《さつまはん》と長州藩《ちょうしゅうはん》が手を組《く》む）を結《むす》ばせるなど、**時代《じだい》の一歩《いっぽ》先《さき》を行《い》く人《ひと》で、龍馬《りょうま》の考《かんが》えを理解《りかい》できない人《ひと》たちがたくさんいたんだ。**それでも考《かんが》えを変《か》えず、明治維新《めいじいしん》（江戸時代《えどじだい》から明治時代《めいじじだい》に変《か》わる革命《かくめい》）の実現《じつげん》に大《おお》きな役割《やくわり》を果《は》たしたよ。

他人《たにん》の評価《ひょうか》をつい気《き》にしてしまうけれど、**人《ひと》は人《ひと》、自分《じぶん》は自分《じぶん》だと強《つよ》く思《おも》う気持《きも》ちも大事《だいじ》**。この売《う》れない小説家《しょうせつか》も、人《ひと》と比《くら》べず自分《じぶん》を信《しん》じている。夢《ゆめ》をあきらめない姿《すがた》には心《こころ》を動《うご》かされるね。

シーン59 自然《しぜん》と生《い》きる

どうして自然《しぜん》を自然《しぜん》のまま、楽《たの》しむことができんのかねえ。
すみません。

てんとう虫コミックス『ドラえもん プラス』第1巻「虫の声を聞こう」 p171

自然《しぜん》を愛《あい》するおじさんは、みんなが我先《われさき》にとすず虫《むし》をつかまえる様子《ようす》を見《み》て情《なさ》けない気持《きも》ちになった。のび太《た》たちも、反省《はんせい》しているね。

レイチェル・カーソン　1907〜1964年《ねん》

アメリカの海洋生物学者《かいようせいぶつがくしゃ》。化学薬品《かがくやくひん》による環境汚染《かんきょうおせん》について書《か》かれた『沈黙《ちんもく》の春《はる》』は地球《ちきゅう》の生態系《せいたいけい》の危機《きき》を訴《うった》え、世界《せかい》の国々《くにぐに》に警鐘《けいしょう》を鳴《な》らした。

科学者《かがくしゃ》であれ、一般《いっぱん》の人《ひと》であれ地球《ちきゅう》の美《うつく》しさや神秘《しんぴ》に囲《かこ》まれて暮《く》らす人《ひと》は孤独《こどく》になったり人生《じんせい》に疲《つか》れたりすることは決《けっ》してない。

——レイチェル・カーソン

齋藤先生《さいとうせんせい》の解説《かいせつ》

このことばは、**自然《しぜん》の美《うつく》しさや豊《ゆた》かさを感《かん》じとれる人《ひと》は、精神的《せいしんてき》にとても豊《ゆた》かだ**といっているよ。『センス・オブ・ワンダー』という本《ほん》に出《で》てくるんだ。自然《しぜん》に対《たい》してふしぎ（ワンダー）だなぁという感覚《かんかく》（センス）をもつことが大事《だいじ》といっているよ。おじさんがなげいているように、自然《しぜん》を荒《あ》らしてはいけない。**そのままの美《うつく》しさを感《かん》じとることで、人《ひと》はいやされて元気《げんき》になれるんだね。**

レイチェル・カーソンは、人間《にんげん》の活動《かつどう》や化学薬品《かがくやくひん》が自然界《しぜんかい》にダメージを与《あた》えていると指摘《してき》した人《ひと》。**生《い》きものたちが死《し》に絶《た》えて、春《はる》になっても鳥《とり》の鳴《な》き声《ごえ》が聞《き》こえない状況《じょうきょう》を「沈黙《ちんもく》の春《はる》」と表現《ひょうげん》したよ。**

シーン60 変化《へんか》しよう

だってきみは思《おも》わないか、人間《にんげん》には変化《へんか》が必要《ひつよう》だよ。

てんとう虫コミックス『ドラえもん』第17巻「あちこちひっこそう」 p98

気分《きぶん》を変《か》えるために引《ひ》っこしたいというのび太《た》。ドラえもんは、家《いえ》ごと瞬時《しゅんじ》に引《ひ》っこせる「ひっこしセット」を出《だ》してくれるよ。

チャールズ・ダーウィン　1809～1882年《ねん》

イギリス生《う》まれの生物学者《せいぶつがくしゃ》。大学卒業後《だいがくそつぎょうご》、博物学者《はくぶつがくしゃ》として世界中《せかいじゅう》を航海《こうかい》。その経験《けいけん》をもとに生《う》み出《だ》した進化論《しんかろん》を『種《しゅ》の起原《きげん》』に著《あらわ》した。

たとえわずかでも有利《ゆうり》な変異《へんい》をする生物《せいぶつ》は、複雑《ふくざつ》でまたときに変化《へんか》する生活条件《せいかつじょうけん》のもとで生存《せいぞん》の機会《きかい》によりめぐまれ、こうして、自然《しぜん》に選択《せんたく》される。

——ダーウィン

齋藤先生《さいとうせんせい》の解説《かいせつ》

ダーウィンは、**生《い》きものはすべて時間《じかん》の経過《けいか》とともに変化《へんか》してきたという「進化論《しんかろん》」をとなえた人《ひと》**。自然環境《しぜんかんきょう》は複雑《ふくざつ》に変化《へんか》していくため、**そのときどきの環境《かんきょう》に合《あ》ったものが生《い》き残《のこ》っていける**という意味《いみ》で、それを「自然《しぜん》に選択《せんたく》される」といっているんだよ。のび太《た》がいっているのは、環境《かんきょう》を変《か》えることで気分《きぶん》が変《か》わるという意味《いみ》の変化《へんか》だけど、いずれにしても、**生《い》きものにとって変化《へんか》に対《たい》応《おう》することは大切《たいせつ》**なんだ。

むかし、インターネットはなかったけれど、今《いま》はインターネットを使《つか》えた方《ほう》が便利《べんり》。そういう変化《へんか》に適応《てきおう》することも必要《ひつよう》なんだね。

シーン61　人間《にんげん》は無責任《むせきにん》？

無責任《むせきにん》に犬《いぬ》やネコをすてる人間《にんげん》が悪《わる》いんだ!!

てんとう虫コミックス『ドラえもん』第22巻「のら犬『イチ』の国」 p184

のび太《た》は、のら犬《いぬ》と捨《す》てられたネコをないしょで飼《か》っていたけれど、ママに見《み》つかってしまった。安全《あんぜん》に生《い》きられる場所《ばしょ》を探《さが》すよ。

新美南吉《にいみなんきち》 1913～1943年《ねん》

愛知県《あいちけん》生《う》まれ、児童文学者《じどうぶんがくしゃ》。中学生《ちゅうがくせい》で童話《どうわ》を創作《そうさく》し、雑誌《ざっし》『赤《あか》い鳥《とり》』に掲載《けいさい》される。代表作《だいひょうさく》に『ごんぎつね』『おじいさんのランプ』など。

ほんとうに人間《にんげん》はいいものかしら。ほんとうに人間《にんげん》はいいものかしら。

――新美南吉《にいみなんきち》

齋藤先生《さいとうせんせい》の解説《かいせつ》

『手袋《てぶくろ》を買《か》いに』という童話《どうわ》の最後《さいご》をしめくくる母《はは》ぎつねのことば。ひとりで町《まち》に行《い》って、人間《にんげん》から無事《ぶじ》手袋《てぶくろ》を買《か》って帰《かえ》ってきた子《こ》ぎつね。この母《はは》ぎつねのことばには、**子《こ》ぎつねがやさしい人間《にんげん》に会《あ》ってもなお、人間《にんげん》を信《しん》じきれない迷《まよ》いが表《あらわ》れている**よ。

人間《にんげん》は動物《どうぶつ》をたくさん狩《か》って、絶滅《ぜつめつ》させてしまうこともある。のび太《た》は無責任《むせきにん》に動物《どうぶつ》を捨《す》てる人間《にんげん》を批判《ひはん》しているね。**狩《か》られたり、捨《す》てられたりする動物《どうぶつ》の立場《たちば》から見《み》ると、人間《にんげん》はおそろしいものでしかないはず。**作者《さくしゃ》の新美南吉《にいみなんきち》は、そんな動物《どうぶつ》の気持《きも》ちを想像《そうぞう》したんだね。**ぼくたち人間《にんげん》は「いいもの」でありたいね。**

シーン62 初心《しょしん》に返《かえ》る

てんとう虫コミックス『ドラえもん』第29巻「思いだせ！あの日の感動」 p124

すべてにあきたというのび太《た》に、新鮮《しんせん》な感動《かんどう》が得《え》られる「ハジメテン」を飲《の》ませたドラえもん。のび太《た》は楽《たの》しい気持《きも》ちを取《と》りもどすよ。

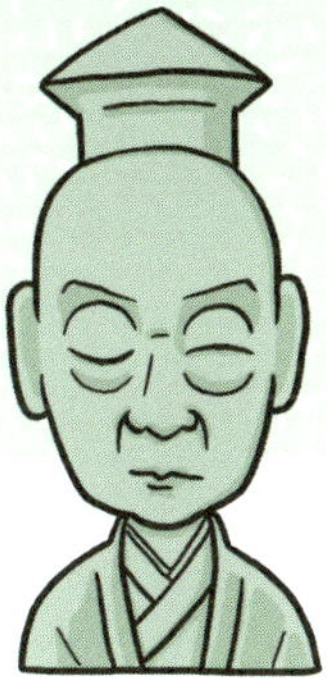

世阿弥《ぜあみ》 1363？～1443？年《ねん》

室町時代《むろまちじだい》の能役者《のうやくしゃ》、能作者《のうさくしゃ》。観阿弥《かんあみ》の子《こ》で、足利義満《あしかがよしみつ》・義持《よしもち》に目《め》をかけられた。能《のう》を大成《たいせい》させ、『風姿花伝《ふうしかでん》』『花鏡《かきょう》』などすぐれた能楽論《のうがくろん》を書物《しょもつ》として残《のこ》した。

初心《しょしん》忘《わす》るべからず。

——世阿弥《ぜあみ》

齋藤先生《さいとうせんせい》の解説《かいせつ》

「最初《さいしょ》の気持《きも》ちを忘《わす》れてはいけない」という意味《いみ》だよ。世阿弥《ぜあみ》は現《げん》代《だい》まで続《つづ》く「能《のう》」という演劇《えんげき》を大《おお》きく育《そだ》てた人《ひと》。このことばは、世阿《ぜあ》弥《み》の『花鏡《かきょう》』という、芸《げい》や世間《せけん》への考《かんが》え方《かた》が書《か》かれた本《ほん》の中《なか》にあるよ。**世阿弥《ぜあみ》のいう「初心《しょしん》」とは、はじめたころのうまくできなかった気持《きも》ちという意味《いみ》で、それを忘《わす》れずに修業《しゅぎょう》することが上達《じょうたつ》のコツだ**といっているんだ。のび太がいうように、何事《なにごと》も最初《さいしょ》は新鮮《しんせん》な感動《かんどう》があるよね。でも、慣《な》れていくと、おどろきや喜《よろこ》びがうすれていって、スランプ（一時的《いちじてき》な不調《ふちょう》）におちいってしまうこともある。そんなときは、**最初《さいしょ》の新鮮《しんせん》な気持《きも》ちにもどるためにも休《やす》むといいよ。**

シーン63 手《て》をとり合《あ》って

『大長編ドラえもんVol.4　のび太の海底鬼岩城』　p207

海底《かいてい》キャンプに向《む》かったのび太《た》たち一行《いっこう》。魔《ま》の海域《かいいき》にある鬼岩城《きがんじょう》を破壊《はかい》するために、海底人《かいていじん》のエルと力《ちから》を合《あ》わせて立《た》ち向《む》かうよ。

聖徳太子《しょうとくたいし》（厩戸皇子《うまやどのおうじ》） 574～622年《ねん》

飛鳥時代《あすかじだい》の政治家《せいじか》。推古天皇《すいこてんのう》の摂政《せっしょう》（天皇《てんのう》を助《たす》ける役目《やくめ》）となる。仏教《ぶっきょう》を重《おも》んじ、十七条憲法《じゅうしちじょうのけんぽう》や冠位十二階《かんいじゅうにかい》を制定《せいてい》し、遣隋使《けんずいし》を中国《ちゅうごく》に送《おく》って文化交流《ぶんかこうりゅう》を行《おこな》った。

和《わ》を以《も》ちて貴《とうと》しとし、忤《さか》ふ《う》ること無《な》きを宗《むね》とせよ。

現代語訳《げんだいごやく》：和《わ》（やわらぎ）を大切《たいせつ》にし、争《あらそ》うことのないようにしなさい。

——聖徳太子《しょうとくたいし》

齋藤先生《さいとうせんせい》の解説《かいせつ》

日本最古《にほんさいこ》の歴史書《れきししょ》『日本書紀《にほんしょき》』に出《で》てくる、**聖徳太子《しょうとくたいし》がつくった十七条憲法《じゅうしちじょうのけんぽう》の第一条《だいいちじょう》のことば**。孔子《こうし》（149ページ）の『論語《ろんご》』に書《か》かれていることばが元《もと》になっているよ。**「和《わ》」は「平和《へいわ》」「調《ちょう》和《わ》」「協調《きょうちょう》」の意味《いみ》をもっていて、ひとりひとりの意見《いけん》のちがいや、損《そん》だ得《とく》だという感情《かんじょう》を乗《の》りこえて、全体《ぜんたい》の調和《ちょうわ》を目指《めざ》す考《かんが》え方《かた》なんだ。**ドラえもんたちも海底人《かいていじん》と陸上人《りくじょうじん》の調和《ちょうわ》を目指《めざ》しているね。

聖徳太子《しょうとくたいし》は、冠位十二階《かんいじゅうにかい》で能力《のうりょく》のある人《ひと》を登用《とうよう》できるようにし、十七条憲法《じゅうしちじょうのけんぽう》で国《くに》がどうあるべきかを明《あき》らかにした。国《くに》をうまく動《うご》かすには争《あらそ》いのない「和《わ》」の精神《せいしん》が必要《ひつよう》だったんだね。

シーン64 社会《しゃかい》のために

なんでもいい。社会《しゃかい》のために役立《やくだ》つ人間《にんげん》になってくれれば。

てんとう虫コミックス『ドラえもん』第2巻「ぼくの生まれた日」 p56

タイムマシンで自分《じぶん》の誕生《たんじょう》に立《た》ち会《あ》ったのび太《た》。パパとママがのび太《た》の将来《しょうらい》について話《はな》し合《あ》っているのを聞《き》いて、一念発起《いちねんほっき》するんだ。

渋沢栄一《しぶさわえいいち》 1840〜1931年《ねん》

今《いま》の埼玉県《さいたまけん》生《う》まれ、実業家《じつぎょうか》。武士《ぶし》として徳川慶喜《とくがわよしのぶ》に仕《つか》えた後《あと》、第一国立銀行《だいいちこくりつぎんこう》（今《いま》のみずほ銀行《ぎんこう》）など約《やく》500社《しゃ》の会社《かいしゃ》の設立《せつりつ》にたずさわる。著書《ちょしょ》に『論語《ろんご》と算盤《そろばん》』など。

自分一人《じぶんひとり》の利益《りえき》になる仕事《しごと》よりも、多《おお》くの人《ひと》や社会《しゃかい》の利益《りえき》になる仕事《しごと》をすべきだ。

——渋沢栄一《しぶさわえいいち》

※現代語訳《げんだいごやく》

齋藤先生《さいとうせんせい》の解説《かいせつ》

このことばは渋沢《しぶさわ》の『論語《ろんご》と算盤《そろばん》』という本《ほん》に書《か》かれているよ。渋《しぶ》沢《さわ》は**2024年《ねん》から一万円札《いちまんえんさつ》の顔《かお》になった人《ひと》**で、「近代日本経済《きんだいにほんけいざい》の父《ちち》」と呼《よ》ばれているよ。**明治時代《めいじじだい》に、今《いま》に続《つづ》く多《おお》くの会社《かいしゃ》や銀行《ぎんこう》をつくった人《ひと》**なんだ。そのころはまだ「経済《けいざい》」が大切《たいせつ》だと思《おも》われていなかった。渋沢《しぶさわ》は大蔵省《おおくらしょう》（今《いま》の財務省《ざいむしょう》）で働《はたら》いていたけど、それをやめて商人《しょうにん》になったら、友《とも》だちから「金銭《きんせん》に目《め》がくらむなんて見損《みそこ》なった」といわれてしまった。**でも渋沢《しぶさわ》は、社会全体《しゃかいぜんたい》を豊《ゆた》かにするために必要《ひつよう》な仕事《しごと》をするという信念《しんねん》をつらぬいたんだ。**のび太《た》のパパがいうように、社会全体《しゃかいぜんたい》の役《やく》に立《た》つ仕事《しごと》をする人《ひと》は尊《とうと》いね。

シーン65 大人《おとな》もつらいよ

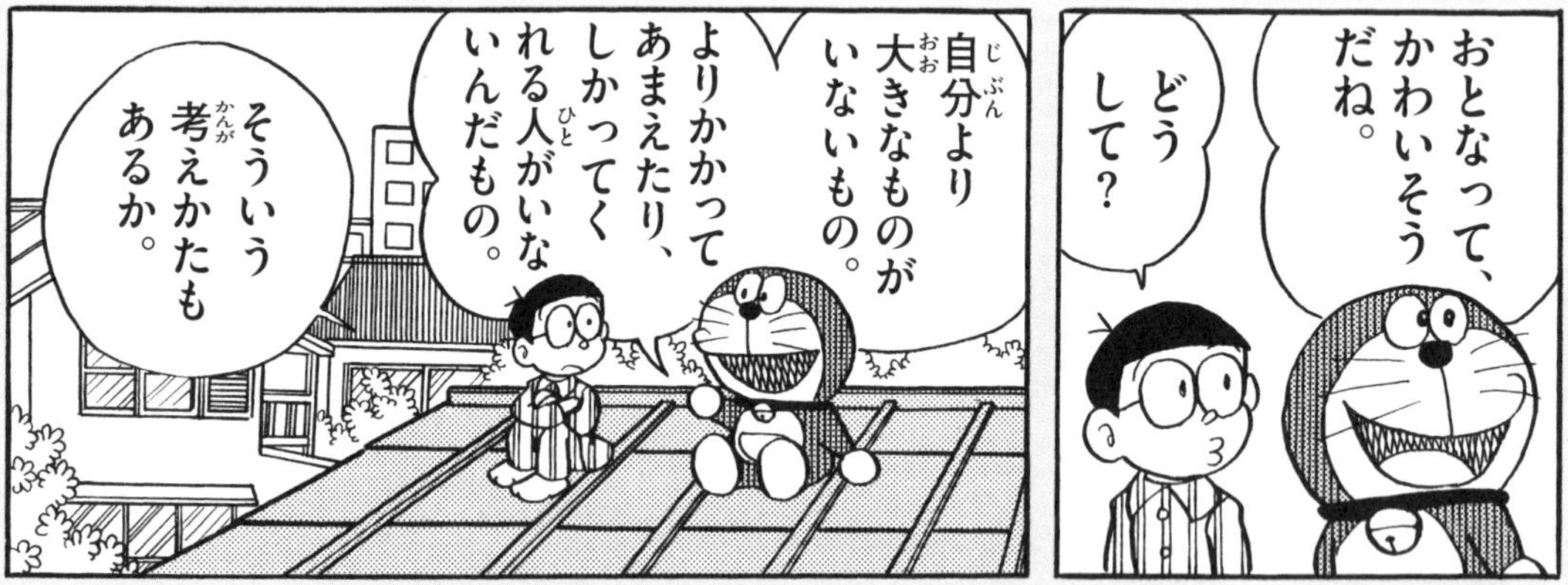

てんとう虫コミックス『ドラえもん』第16巻「パパもあまえんぼ」 p164

よっぱらったパパをタイムマシンで10年前《ねんまえ》に連《つ》れて行《い》ったら、おばあちゃんにあまえて泣《な》いた。大人《おとな》も泣《な》きたいときがあることをのび太《た》は知《し》るよ。

安藤百福《あんどうももふく》 1910〜2007年《ねん》

日清食品《にっしんしょくひん》の創業者《そうぎょうしゃ》。世界初《せかいはつ》のインスタントラーメン「チキンラーメン」を開発《かいはつ》。カップにお湯《ゆ》を入《い》れて食《た》べる「カップヌードル」は世界《せかい》の食文化《しょくぶんか》を変《か》えた。

人《ひと》は上《うえ》に立《た》てば立《た》つほど孤独《こどく》になる。

――安藤百福《あんどうももふく》

齋藤先生《さいとうせんせい》の解説《かいせつ》

子《こ》どもは、大人《おとな》に指図《さしず》されると、不満《ふまん》を感《かん》じるかもしれない。でも、のび太《た》のパパみたいに、**大人《おとな》は自分《じぶん》で決《き》めて、自分《じぶん》の責任《せきにん》で行動《こうどう》しなくてはいけないから、大変《たいへん》なこともあるんだ。**

このことばをいった安藤百福《あんどうももふく》は日清食品《にっしんしょくひん》という会社《かいしゃ》の社長《しゃちょう》（当時《とうじ》）。**社長《しゃちょう》は、会社《かいしゃ》の問題《もんだい》を全部自分《ぜんぶじぶん》で判断《はんだん》しなくてはならない。たよれる人《ひと》がいなくて孤独《こどく》なんだ。**安藤《あんどう》は、**戦後《せんご》の食糧難《しょくりょうなん》で栄養失調《えいようしっちょう》になった多《おお》くの人《ひと》を見《み》て食《しょく》が大事《だいじ》だと思《おも》い、安《やす》くて便利《べんり》でだれでも食《た》べられるインスタントラーメンを開発《かいはつ》したよ。**食《しょく》で世《よ》の中《なか》を明《あか》るくしたいという強《つよ》い信念《しんねん》が、孤独《こどく》でも仕事《しごと》をする原動力《げんどうりょく》だったんだね。

シーン66 楽《たの》しいことを考《かんが》える

忘《わす》れろ。
なにかほかの楽《たの》しいこと考《かんが》えるんだ。

『大長編ドラえもんVol.5　のび太の魔界大冒険』 p28

ある日《ひ》、うら山《やま》で自分《じぶん》の姿《すがた》をした石像《せきぞう》を見《み》つけたのび太《た》。夜中《よなか》には家《いえ》の中《なか》に石像《せきぞう》があった。気《き》にするのび太《た》にドラえもんがかけたことば。

高杉晋作《たかすぎしんさく》 1839〜1867年《ねん》

江戸時代末期《えどじだいまっき》、今《いま》の山口県生《やまぐちけんう》まれの武士《ぶし》。吉田松陰《よしだしょういん》の「松下村塾《しょうかそんじゅく》」に学《まな》び、農民《のうみん》や町人《ちょうにん》もふくめた「奇兵隊《きへいたい》」を組織《そしき》。幕府《ばくふ》を倒《たお》すために行動《こうどう》し、明治維新《めいじいしん》につなげた。

おもしろき こともなき世《よ》を おもしろく

―― 高杉晋作《たかすぎしんさく》

齋藤先生《さいとうせんせい》の解説《かいせつ》

高杉晋作《たかすぎしんさく》の亡《な》くなる直前《ちょくぜん》の句《く》で、仲《なか》のよかった野村望東尼《のむらもとに》がこの句《く》に「**すみなすものは心《こころ》なりけり**（**世《よ》の中《なか》をつまらないと感《かん》じるかどうかは自分《じぶん》の気持《きも》ちしだい**）」と続《つづ》けて短歌《たんか》にしたとされている。

幕府《ばくふ》という伝統的《でんとうてき》な組織《そしき》をこわして歴史《れきし》を変《か》えるという思《おも》いをもっていた晋作《しんさく》は、**おもしろいことが起《お》きるのを待《ま》つのではなく、世《よ》の中《なか》や人生《じんせい》をおもしろくするのは自分自身《じぶんじしん》だと考《かんが》えていたんだね。**

考《かんが》えてもしかたのないことは忘《わす》れて、楽《たの》しいことを考《かんが》えようというドラえもんと通《つう》ずるものがあるね。「おもしろいことがなくて、つまんないなぁ」と思《おも》ったときは、このことばを思《おも》い出《だ》そう！

シーン67 信《しん》じてはいけない

こんなくだらないもの、まともにうけとるほうがおかしいんだよ。

てんとう虫コミックス『ドラえもん』第15巻「不幸の手紙同好会」 p57

不幸《ふこう》の手紙《てがみ》におびえるのび太《た》に、気《き》にするな、とドラえもんがいうシーン。その送《おく》り主《ぬし》をさぐってみると、意外《いがい》と近《ちか》いところにいた。

アンドレ・ジッド　1869～1951年《ねん》

フランスの小説家《しょうせつか》、評論家《ひょうろんか》。自分《じぶん》らしさを追求《ついきゅう》する個人主義的立場《こじんしゅぎてきたちば》から、社会通念《しゃかいつうねん》や道徳《どうとく》を批判《ひはん》。ノーベル文学賞受賞《ぶんがくしょうじゅしょう》。代表作《だいひょうさく》に『狭《せま》き門《もん》』『贋金《にせがね》つくり』など。

一番《いちばん》いやらしい嘘言《いつわり》は、一番《いちばん》真実《しんじつ》に近《ちか》い嘘言《いつわり》だ。

――アンドレ・ジッド

齋藤先生《さいとうせんせい》の解説《かいせつ》

明《あき》らかにうそだとわかると、だれも信《しん》じない。**人《ひと》をだます悪《わる》い人《ひと》は、“いかにも本当《ほんとう》っぽい”うそをつくものなんだ。**だから、つい信《しん》じてしまう。ドラえもんのように、見抜《みぬ》きたいよね。

ジッドは『一粒《ひとつぶ》の麦《むぎ》もし死《し》なずば』という作品《さくひん》で、**そんなズルいうそを批判《ひはん》している。**人間《にんげん》の表《おもて》と裏《うら》を描《えが》くジッドらしい視点《してん》だよ。

今《いま》はフェイク（にせの）ニュースが増《ふ》えていて、AI《エーアイ》（人工知能《じんこうちのう》）であたかも本物《ほんもの》のような画像《がぞう》をつくれる。人《ひと》が話《はな》している動画《どうが》に、うその音声《おんせい》をはめこむこともできるくらい。そんな時代《じだい》だからこそ、**本物《ほんもの》とにせものを見分《みわ》ける力《ちから》、正《ただ》しい情報《じょうほう》を得《え》る力《ちから》が必要《ひつよう》なんだよ。**

シーン68 今《いま》を大事《だいじ》に

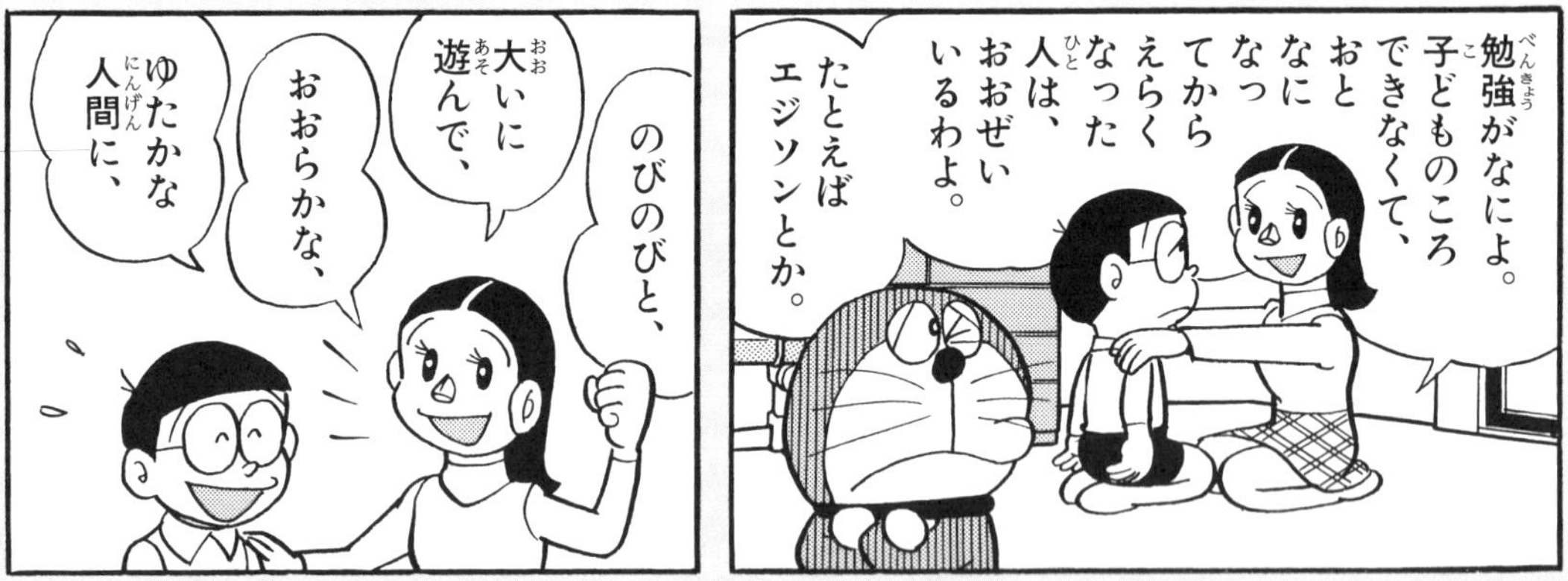

てんとう虫コミックス『ドラえもん プラス』第5巻「いたわりロボット」 p107

自信《じしん》をなくしたのび太《た》をはげまそうと「いたわりロボット」を出《だ》したドラえもん。自信《じしん》がついたのはいいけど、のび太《た》は調子《ちょうし》に乗《の》りすぎてしまう。

陶淵明《とうえんめい》 365～427年《ねん》

中国《ちゅうごく》の詩人《しじん》。29歳《さい》で役人《やくにん》になるも、結局《けっきょく》仕事《しごと》が合《あ》わず41歳《さい》で退職《たいしょく》。故郷《こきょう》で田畑《たはた》を耕《たがや》しながら詩《し》をつくり、「田園詩人《でんえんしじん》」と呼《よ》ばれる。代表作《だいひょうさく》は「飲酒《いんしゅ》」。

時《とき》に及《およ》びて《ときをのがさず》 当《まさ》に勉励《べんれい》すべし《いっしょうけんめいやりなさい》 歳月《さいげつ》 人《ひと》を待《ま》たず《まってくれない》

——陶淵明《とうえんめい》

齋藤先生《さいとうせんせい》の解説《かいせつ》

「勉励《べんれい》」は「勉強《べんきょう》しなさい」ではなく、ここでは**「一生懸命遊《いっしょうけんめいあそ》びなさい」**という意味《いみ》。**若《わか》い時《とき》は二度《にど》とこないし、時《とき》はすぐに去《さ》ってしまうから、今《いま》を満喫《まんきつ》して遊《あそ》べ**といっているんだ。陶淵明《とうえんめい》は、農業《のうぎょう》で生活《せいかつ》していきたいと思《おも》ったから、迷《まよ》わず役人《やくにん》の仕事《しごと》をやめたんだ。

小学生《しょうがくせい》にとって楽《たの》しい遊《あそ》びは、小学生《しょうがくせい》のうちにやった方《ほう》がいい。**大人《おとな》になってからだと、もう楽《たの》しめなくなってしまうからね。**勉強《べんきょう》も大切《たいせつ》だけど、勉強《べんきょう》だけではなく、**のびのびと遊《あそ》ぶことでおおらかな人間《にんげん》になるというのもまた真実《しんじつ》**だと思《おも》うんだ。大器晩成《たいきばんせい》ということばがあって、人《ひと》よりも時間《じかん》をかけて成功《せいこう》する人《ひと》だっているよ。

シーン69 願《ねが》いはかなう

父《ちち》はね、子《こ》どものころから古生物学者《こせいぶつがくしゃ》になることがゆめだったの。
でもいろんな事情《じじょう》でそれがかなわなくて…。
年《とし》とってから、やっと好《す》きな研究《けんきゅう》にうちこむことができるようになったの。
それだけにきょうの発見《はっけん》がうれしいのよ。

てんとう虫コミックス『ドラえもん』第11巻「化石大発見!」 p161

宝《たから》さがしで穴《あな》をほっていたのび太《た》は、化石《かせき》を探《さが》すおじいさんに出会《であ》う。「タイムふろしき」でイタズラしたら、実《じつ》は世紀《せいき》の大発見《だいはっけん》に……⁉

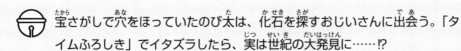

ハインリヒ・シュリーマン 1822〜1890年《ねん》

ドイツ生《う》まれの考古学者《こうこがくしゃ》、実業家《じつぎょうか》。少年時代《しょうねんじだい》から遺跡発掘《いせきはっくつ》を志《こころざ》し、貿易商《ぼうえきしょう》として成功《せいこう》した後《あと》、トロイアの遺跡《いせき》を発掘《はっくつ》。著書《ちょしょ》に、自伝《じでん》『古代《こだい》への情熱《じょうねつ》』がある。

とうとう生涯《しょうがい》の夢《ゆめ》を実現《じつげん》できる時機《じき》がきた。

——シュリーマン

齋藤先生《さいとうせんせい》の解説《かいせつ》

シュリーマンは、子《こ》どものころに古代《こだい》ギリシャの詩人《しじん》・ホメロスによる『イリアス』という本《ほん》を読《よ》んで、**遺跡発掘《いせきはっくつ》の夢《ゆめ》を抱《いだ》いていた。外国語《がいこくご》を勉強《べんきょう》して商人《しょうにん》になってお金《かね》をため、仕事《しごと》を引退《いんたい》して、ようやく夢《ゆめ》をかなえるときのことば**だよ。そして、シュリーマンは、人々《ひとびと》が伝説《でんせつ》だと思《おも》っていたトロイアの遺跡《いせき》を本当《ほんとう》に見《み》つけたんだ。

トロイアとは、『イリアス』に書《か》かれた古代都市《こだいとし》のこと。

子《こ》どものころの探究心《たんきゅうしん》や研究心《けんきゅうしん》が、知識《ちしき》や知恵《ちえ》を身《み》につけた大人《おとな》になってから花《はな》ひらくと、長年《ながねん》の思《おも》いが蓄積《ちくせき》されている分《ぶん》エネルギーも大《おお》きい。**夢《ゆめ》はすぐにかなわなくても、大切《たいせつ》にもっておこう。**

シーン70 親《おや》の気《き》持《も》ち

てんとう虫コミックス『ドラえもん プラス』第1巻「グルメテーブルかけ」 p15

ママはおばあちゃんの看病《かんびょう》に出《で》かけたものの、のび太《た》たちのことが心配《しんぱい》に。おばあちゃんの家《いえ》に泊《と》まらず、雨《あめ》の中《なか》、走《はし》って帰《かえ》ってくるんだ。

芥川龍之介《あくたがわりゅうのすけ》 1892〜1927年《ねん》

東京《とうきょう》生《う》まれ、大正時代《たいしょうじだい》に活躍《かつやく》した小説家《しょうせつか》。大学時代《だいがくじだい》に『羅生門《らしょうもん》』を書《か》き、『鼻《はな》』が夏目漱石《なつめそうせき》に評価《ひょうか》される。新聞社《しんぶんしゃ》に入《はい》り『藪《やぶ》の中《なか》』などすぐれた短編小説《たんぺんしょうせつ》を発表《はっぴょう》する。

**母親《ははおや》はこんな苦《くる》しみの中《なか》にも、
息子《むすこ》の心《こころ》を思《おも》いやって、
鬼《おに》どものむちに打《う》たれたことを、
うらむ気色《けしき》さえも見《み》せないのです。**

——芥川龍之介《あくたがわりゅうのすけ》

齋藤先生《さいとうせんせい》の解説《かいせつ》

これは『杜子春《としゅん》』という小説《しょうせつ》の一節《いっせつ》。主人公《しゅじんこう》・杜子春《としゅん》は、仙人《せんにん》になるための修行《しゅぎょう》で**「決《けっ》してしゃべってはいけない」という決《き》まりを守《まも》っていた。両親《りょうしん》が地獄《じごく》で苦《くる》しめられているのを見《み》て杜子春《としゅん》はショックを受《う》けるけれど、母《はは》は「何《なに》もいわなくていい、心配《しんぱい》しないで」というんだ。**芥川龍之介《あくたがわりゅうのすけ》は、人間《にんげん》の心《こころ》の奥《おく》を描《えが》く小説《しょうせつ》をたくさん生《う》み出《だ》した人《ひと》。**この一節《いっせつ》からは、子《こ》どもを思《おも》う親心《おやごころ》が伝《つた》わるね。**

それは、杜子春《としゅん》の母《はは》が特別《とくべつ》なのではなく、のび太《た》のママも同《おな》じ。杜子春《としゅん》はたまらず「おっかさん」という。仙人《せんにん》になる資格《しかく》は失《うしな》われたけど、**大切《たいせつ》なものに気《き》づき、誠実《せいじつ》に生《い》きていこうと決心《けっしん》するよ。**

シーン71 のび太師匠《たししょう》!?

てんとう虫コミックス『ドラえもん』第28巻「家元かんばん」 p116

「家元《いえもと》かんばん」であやとりの家元《いえもと》(流派《りゅうは》を受《う》けつぐ家《いえ》や人《ひと》)になったのび太《た》。その気《き》になってみんなを指導《しどう》したものの、思《おも》いがけない失敗《しっぱい》が……。

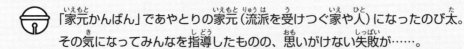

千利休《せんのりきゅう》 1522～1591年《ねん》

安土桃山時代《あづちももやまじだい》の茶人《ちゃじん》。茶道《さどう》を広《ひろ》め、質素《しっそ》な茶室《ちゃしつ》や茶器《ちゃき》を使《つか》う「わび茶《ちゃ》」を完成《かんせい》させる。信長《のぶなが》・秀吉《ひでよし》に仕《つか》えるが、秀吉《ひでよし》の怒《いか》りをかい、切腹《せっぷく》させられた。

規《き》矩《く》作《さ》法《ほう》《おてほん》守《まも》りつくして破《やぶ》るとも離《はな》るるとても《としても》本《もと》《きそ》を忘《わす》るな

―千利休《せんのりきゅう》

齋藤先生《さいとうせんせい》の解説《かいせつ》

修業《しゅぎょう》においては、**①お手本《てほん》を守《まも》る、②お手本《てほん》のやり方《かた》を破《やぶ》る、③お手本《てほん》から離《はな》れて独自《どくじ》のやり方《かた》を見《み》つける**、というプロセスが大事《だいじ》で、**これを「守破離《しゅはり》」と呼《よ》ぶ**。利休《りきゅう》は、**たとえ離《はな》れたとしても基礎《きそ》は大事《だいじ》にしなさい**といっていて、のび太《た》も同《おな》じことをいっているね。

利休《りきゅう》の時代《じだい》には、戦《いくさ》に明《あ》け暮《く》れていた戦国武将《せんごくぶしょう》も茶道《さどう》をたしなむという教養《きょうよう》をもっていて、茶室《ちゃしつ》での出会《であ》い、茶室《ちゃしつ》で過《す》ごす時間《じかん》を大切《たいせつ》にしていた。**これが「一期一会《いちごいちえ》」ということばにつながったんだ。**

遠州流宗家《えんしゅうりゅうそうけ》の13世家元《せいいえもと》・小堀宗実《こぼりそうじつ》さんは、茶道《さどう》では作法《さほう》も大事《だいじ》だけど、お茶《ちゃ》を楽《たの》しんでいただくのが一番《いちばん》だといっていたよ。

シーン72 心《こころ》のままに

絵《え》は心《こころ》だ！
なにかをみて
美《うつく》しいなとか
かわいいな
とか心《こころ》に感《かん》じ
たら、それを表現《ひょうげん》
するのが芸術《げいじゅつ》だ。

てんとう虫コミックス『ドラえもん』第31巻「あとからアルバム」 p106

のび太《た》に絵《え》を描《か》く心得《こころえ》を教《おし》えてくれたパパは、小学生《しょうがくせい》のころ図画《ずが》コンクールで金賞《きんしょう》をとったほどのうで前《まえ》。そのときの記念写真《きねんしゃしん》が、ひみつ道具《どうぐ》で復活《ふっかつ》！

小津安二郎《おづやすじろう》 1903〜1963年《ねん》

東京《とうきょう》生《う》まれ、映画監督《えいがかんとく》。日本人《にほんじん》の心《こころ》、家族《かぞく》をテーマにし、日本家屋《にほんかおく》の様式《ようしき》に合《あ》わせ低《ひく》い位置《いち》から撮影《さつえい》する「ローアングル」が特徴《とくちょう》。代表作《だいひょうさく》に『東京物語《とうきょうものがたり》』など。

なんでもないことは流行《りゅうこう》に従《したが》う、重大《じゅうだい》なことは道徳《どうとく》に従《したが》う。芸術《げいじゅつ》のことは自分《じぶん》に従《したが》う。

——小津安二郎《おづやすじろう》

斎藤先生《さいとうせんせい》の解説《かいせつ》

これは、映画《えいが》の撮《と》り方《かた》について聞《き》かれたときの小津《おづ》のことば。小津《おづ》は、自分《じぶん》の「生活条件《せいかつじょうけん》」として、**「きらいなものはどうにもならない」**ともいっていて、**映画《えいが》（芸術《げいじゅつ》）については自分《じぶん》の個性《こせい》や好《この》みを優先《ゆうせん》させるといっているよ。**心《こころ》のままに表現《ひょうげん》するのが芸術《げいじゅつ》だというのび太《た》のパパと同《おな》じ意見《いけん》だね。

大《おお》きなフレームで広《ひろ》い映像《えいぞう》を撮《と》ればいいじゃないかという意見《いけん》に対《たい》して、小津《おづ》は、大《おお》きいフレームに慣《な》れていないしきらいだから撮《と》らないという。**理屈《りくつ》ではなく自分《じぶん》の感性《かんせい》なのだ**、と。その感性《かんせい》をつらぬいた「小津調《おづちょう》」と呼《よ》ばれる作風《さくふう》で世界的《せかいてき》に評価《ひょうか》されたよ。

シーン73 いざ、冒険《ぼうけん》へ！

平凡《へいぼん》な日常《にちじょう》をぬけだして、
ワクワクドキドキするような大冒険《だいぼうけん》がしてみたいなあ。

てんとう虫コミックス『ドラえもん』第36巻「アドベン茶で大冒険」 p97

冒険《ぼうけん》にあこがれるパパが、ドラえもんの出《だ》した「アドベン茶《ちゃ》」を飲《の》んで外《そと》に出《で》るとピンチの連続《れんぞく》！ さすがのパパも冒険《ぼうけん》はこりごり。

植村直己《うえむらなおみ》 1941～1984年《ねん》

兵庫県《ひょうごけん》生《う》まれ、登山家《とざんか》、冒険家《ぼうけんか》。世界初《せかいはつ》の5大陸最高峰制覇《たいりくさいこうほうせいは》、犬《いぬ》ぞりによる単独北《たんどくほっ》極点到達《きょくてんとうたつ》、北《きた》アメリカのデナリ（マッキンリー山《さん》）の冬季単独登頂《とうきたんどくとうちょう》に成功《せいこう》。

自分《じぶん》で何《なに》かやろうとし、せいいっぱいやれば、そこに何《なに》か新《あたら》しいものが生《う》まれる、それが冒険《ぼうけん》の真髄《しんずい》じゃないか、と思《おも》うんです。

――植村直己《うえむらなおみ》

齋藤先生《さいとうせんせい》の解説《かいせつ》

植村直己《うえむらなおみ》は、日本人初《にほんじんはつ》のエベレスト登頂《とっちょう》など、大《おお》きな挑戦《ちょうせん》をいくつも成功《せいこう》させた冒険家《ぼうけんか》だよ。逆境《ぎゃっきょう》や危機《きき》をあえて求《もと》めるのが冒険《ぼうけん》。冒険《ぼうけん》は、計画通《けいかくどお》りにいくことばかりではない。**さまざまな困難《こんなん》を乗《の》りこえるたびに、自分《じぶん》の中《なか》に新《あら》たな何《なに》かが生《う》まれ、新《あら》たなパワーを得《え》たんだ。**だから、どんなにつらくても次《つぎ》の冒険《ぼうけん》に行《い》きたくなるんだね。

のび太《た》のパパが冒険《ぼうけん》を夢見《ゆめみ》るように、古代《こだい》から、英雄《えいゆう》が冒険《ぼうけん》をして帰《かえ》って来《く》るというのは人気《にんき》の物語《ものがたり》なんだ。**冒険《ぼうけん》の中《なか》で危機状態《ききじょうたい》になってはじめて、自分《じぶん》の中《なか》に眠《ねむ》っている何《なに》かが覚醒《かくせい》するのかもね。**

シーン74 不正《ふせい》はバレる

できの悪《わる》いのは
しかたが
ないとして、
不正《ふせい》だけは
するなと
教《おし》えてきた
はずだぞ！

てんとう虫コミックス『ドラえもん』第1巻「一生に一度は百点を…」 p139

ドラえもんのひみつ道具《どうぐ》「コンピューターペンシル」で100点《てん》をとったジャイアンは、お父《とう》さんにズルを見破《みやぶ》られて怒《おこ》られた！

ソクラテス 紀元前《きげんぜん》469？〜紀元前《きげんぜん》399年《ねん》

古代《こだい》ギリシャの哲学者《てつがくしゃ》。対話《たいわ》を通《とお》して人々《ひとびと》が「無知《むち》」に気《き》づくよう導《みちび》いたことで危《き》険視《けんし》され、死刑《しけい》を宣告《せんこく》される。『クリトン』は弟子《でし》のプラトンが書《か》いた。

不正《ふせい》は決《けっ》して行《おこな》ってはいけない。不正《ふせい》をされたからといって不正《ふせい》をやり返《かえ》してはならない。

——ソクラテス

齋藤先生《さいとうせんせい》の解説《かいせつ》

『クリトン』に書《か》かれたソクラテスのことば。ソクラテスは、国家《こっか》の秩序《ちつじょ》をみだしたという罪《つみ》で死刑《しけい》になってしまう。裁判自体《さいばんじたい》が不正《ふせい》なのだけど、判決《はんけつ》は変《か》えられない。脱獄《だつごく》をすすめられたけれど、脱《だっ》獄《ごく》は不正《ふせい》だからとソクラテスは断《ことわ》るんだ。**どんなときも正《ただ》しく生《い》きることが大事《だいじ》だ**といって、決《けっ》して自分《じぶん》の考《かんが》えを変《か》えなかったよ。

何《なに》があっても不正《ふせい》はダメという考《かんが》えは、ジャイアンのお父《とう》さんと同《おな》じだね。**ソクラテスは、不正《ふせい》をして生《い》きのびるよりも、自分《じぶん》の正《せい》義《ぎ》に従《したが》って命《いのち》を終《お》えることを選《えら》んだ。**死《し》を知《し》らないのに、おそれるのはおかしいともいっているよ。

シーン75 討論会《とうろんかい》

おたがいにてってい的《てき》に話《はな》し合《あ》うこと。
みんなは、ふたりの意見《いけん》をよくきいて、公平《こうへい》な判断《はんだん》をくだすこと。
そう、あくまでも科学的《かがくてき》にね。

てんとう虫コミックス『ドラえもん』第6巻「ネッシーがくる」 p125

ナゾの生物《せいぶつ》・ネッシーはいる、と信《しん》じて討論会《とうろんかい》に参加《さんか》したのび太《た》のために、ドラミちゃんがネス湖《こ》からネッシーを連《つ》れてくるよ。

ルネ・デカルト 1596〜1650年《ねん》

フランスの哲学者《てつがくしゃ》、数学者《すうがくしゃ》。すべてを疑《うたが》ったうえで（方法的懐疑《ほうほうてきかいぎ》）、疑《うたが》う自分《じぶん》の存在《そんざい》は確《たし》かであることから「我思《われおも》う、ゆえに我《われ》あり」のことばを残《のこ》した。

正《ただ》しく判断《はんだん》し、真《しん》と偽《ぎ》を区別《くべつ》する能力《のうりょく》、（中略《ちゅうりゃく》）そういう能力《のうりょく》がすべての人《ひと》に生《う》まれつき平等《びょうどう》に具《そな》わっている。

——デカルト

齋藤先生《さいとうせんせい》の解説《かいせつ》

これは『方法序説《ほうほうじょせつ》』というデカルトの代表作《だいひょうさく》の中《なか》のことば。デカルトは、**正《ただ》しく判断《はんだん》するための良識《りょうしき》や理性《りせい》はみんなに平等《びょうどう》に与《あた》えられていて、それが動物《どうぶつ》と人間《にんげん》との大《おお》きなちがいである**という。ただ、良識《りょうしき》や理性《りせい》があるだけでは不十分《ふじゅうぶん》で、適切《てきせつ》に使《つか》いこなすのが大事《だいじ》だといっているんだ。

ジャイアンが、意見《いけん》をよく聞《き》いて公平《こうへい》な判断《はんだん》をするようにといっているのは、自分《じぶん》の理性《りせい》に従《したが》って正《ただ》しく判断《はんだん》するというデカルトと通《つう》ずるね。人間《にんげん》はことばをもち、ことばによって思考《しこう》することができる。**理性《りせい》を使《つか》いこなすには十分《じゅうぶん》な思考《しこう》が必要《ひつよう》なんだ。**

シーン76 不便《ふべん》さを生《い》きる

てんとう虫コミックス『ドラえもん』第38巻「石器時代のホテル」 p160

タイムマシンで石器時代《せっきじだい》にやってきたのび太《た》たち。でも、火山《かざん》が噴火《ふんか》して絶《ぜっ》体絶命《たいぜつめい》！ 冷静《れいせい》なしずかちゃんのことばに気《き》をとり直《なお》すよ。

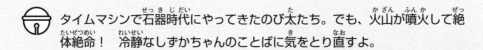

ジャン=ジャック・ルソー 1712〜1778年《ねん》

スイス生《う》まれ、フランスで活躍《かつやく》した思想家《しそうか》。人民主権《じんみんしゅけん》を提唱《ていしょう》した『社会契約論《しゃかいけいやくろん》』はフランス革命《かくめい》に影響《えいきょう》を与《あた》えた。ほかの著書《ちょしょ》に『人間不平等起源論《にんげんふびょうどうきげんろん》』など。

自然《しぜん》に帰《かえ》れ

——ルソー

齋藤先生《さいとうせんせい》の解説《かいせつ》

今《いま》は、いろんなことが便利《べんり》になっていて、自分《じぶん》でやらなくても済《す》むことがたくさんある。しずかちゃんがいう通《とお》り、原始時代《げんしじだい》の方《ほう》が知恵《ちえ》を働《はたら》かせて工夫《くふう》しながら生活《せいかつ》していたかもしれないよね。

「自然《しぜん》に帰《かえ》れ」は、ルソーの教育論《きょういくろん》が書《か》かれた『エミール』にある考《かんが》えを表《あらわ》したことば。その考《かんが》えとは、**大人《おとな》が子《こ》どもに知識《ちしき》を植《う》えつけるのではなく、子《こ》どもが自《みずか》ら発見《はっけん》していく学《まな》びが大切《たいせつ》だということ。**人間《にんげん》は社会《しゃかい》の中《なか》で成長《せいちょう》していくけれど、社会《しゃかい》の悪《わる》い面《めん》に影響《えいきょう》されることもある。だからこそ、**子《こ》どものころの素直《すなお》な気持《きも》ち、生《う》まれもった自然《しぜん》のよさを大事《だいじ》にしなさい**といっているんだ。

人生名場面《じんせいめいばめん》

おとなになるのがいやになった。

❶ 第14巻
「すてきなミイちゃん」p118

❷ 第1巻
「ご先祖さまがんばれ」p107

❸ 第24巻
「二十世紀のおとのさま」p44

❹ 第3巻
「ママをとりかえっこ」p35

❺ 第40巻
「顔か力かIQか」p54

❻ 第5巻
「のろのろ、じたばた」p9

❼ 第16巻
「りっぱなパパになるぞ!」p38

（すべててんとう虫コミックス『ドラえもん』）

日《にち》常《じょう》のことば

シーン77 流行《りゅうこう》なんて

てんとう虫コミックス『ドラえもん』第6巻「流行性ネコシャクシビールス」 p21

流行《りゅうこう》を追《お》いかけることに批判的《ひはんてき》なのび太《た》とドラえもん。この後《あと》、ヘンな流《りゅう》行《こう》をつくるビールス（ウイルス）をまいて、みんなにイタズラするよ。

ガブリエル・シャネル　1883〜1971年《ねん》

フランスのファッションデザイナー。通称《つうしょう》ココ・シャネル。第一次世界大戦後《だいいちじせかいたいせんご》、機《き》能的《のうてき》なデザインで女性《じょせい》らしさをぬりかえた。香水《こうすい》「シャネルNo.5《ナンバーファイブ》」が有名《ゆうめい》。

スポーツ服《ふく》を作《つく》ったのは自分《じぶん》のため。他《ほか》の女性《じょせい》たちがスポーツをしていたからではなく、私《わたし》がスポーツをしていたから。

——ガブリエル・シャネル

齋藤先生《さいとうせんせい》の解説《かいせつ》

シャネルが生《い》きた時代《じだい》、女性《じょせい》のファッションはウエストが細《ほそ》く、かざりが多《おお》かったんだ。そこでシャネルは**ファッション性《せい》が高《たか》く、女性《じょせい》たちが動《うご》きやすいシンプルで快適《かいてき》な服《ふく》を生《う》み出《だ》したよ。**

シャネルのスポーツ服《ふく》は、**実用性《じつようせい》を重視《じゅうし》したもので、それまでの習慣《しゅうかん》やスタイルを破《やぶ》った革命《かくめい》だったんだ。**ジャージー素材《そざい》をドレスに取《と》り入《い》れたり、喪服《もふく》としてしか着《き》られなかった黒《くろ》をドレスにしたりした。**ファッションを通《とお》して、女性《じょせい》の解放《かいほう》と自由《じゆう》を目指《めざ》したよ。**

シャネルは自分《じぶん》がいいと思《おも》うものをつくり、それが流行《りゅうこう》になった。のび太《た》が批判《ひはん》していた「みんなと同《おな》じ」とは正反対《せいはんたい》だったんだね。

シーン78 探偵《たんてい》の極意《ごくい》

てんとう虫コミックス『ドラえもん』第3巻「シャーロック・ホームズセット」 p39

シャーロック・ホームズの本《ほん》を読《よ》んで、探偵《たんてい》に興味《きょうみ》をもったのび太《た》の一言《ひとこと》。のび太《た》はしずかちゃんの大事《だいじ》なものを探《さが》そうとするよ。

ガリレオ・ガリレイ　1564〜1642年《ねん》

イタリア生《う》まれ、物理学者《ぶつりがくしゃ》、天文学者《てんもんがくしゃ》。自作《じさく》の望遠鏡《ぼうえんきょう》で木星《もくせい》の衛星《えいせい》を発見《はっけん》。また、ふりこの「等時性《とうじせい》の法則《ほうそく》」を見《み》つける。地動説《ちどうせつ》を主張《しゅちょう》して教会《きょうかい》から罰《ばっ》せられた。

なぜあなたは他人《たにん》の報告《ほうこく》を信《しん》じてばかりで自分《じぶん》の眼《め》で見《み》て観察《かんさつ》しなかったのですか。

——ガリレオ・ガリレイ

齋藤先生《さいとうせんせい》の解説《かいせつ》

ガリレオの著書《ちょしょ》で、天動説《てんどうせつ》（地球《ちきゅう》が宇宙《うちゅう》の中心《ちゅうしん》）と地動説《ちどうせつ》（太陽《たいよう》が宇宙《うちゅう》の中心《ちゅうしん》）について3人《にん》で話《はな》し合《あ》う『天文対話《てんもんたいわ》』の中《なか》のことば。

天動説《てんどうせつ》を信《しん》じる人《ひと》が他者《たしゃ》の報告《ほうこく》を理由《りゆう》に主張《しゅちょう》をしたとき、**地動説《ちどうせつ》を信《しん》じる人《ひと》（ガリレオの代弁者《だいべんしゃ》）**が、**自分《じぶん》の目《め》で見《み》て自分《じぶん》の頭《あたま》で考《かん》えることが大切《たいせつ》だといった**セリフ。のび太《た》も、ホームズの本《ほん》を読《よ》んでそのことに気《き》づいたんだね。当時《とうじ》、地動説《ちどうせつ》は教会《きょうかい》によって否定《ひてい》されていたけれど、ガリレオは考《かんが》えを曲《ま》げなかった。**近代科学《きんだいかがく》をひらいたガリレオにとって、観察《かんさつ》と実験《じっけん》をもとに、自分《じぶん》の力《ちから》でつかんだ事実《じじつ》（地動説《ちどうせつ》）をあきらめるわけにはいかなかったんだね。**

シーン79 フレッシュのび太《た》

てんとう虫コミックス『ドラえもん』第29巻「思いだせ！　あの日の感動」 p122

なんでも新鮮《しんせん》に感《かん》じられる薬《くすり》をのんだのび太《た》は、どんなことにもフレッシュなリアクションをするので、しずかちゃんはのび太《た》を見直《みなお》した。

アルバート・アインシュタイン　1879〜1955年《ねん》

ドイツ生《う》まれ、理論物理学者《りろんぶつりがくしゃ》。特殊相対性理論《とくしゅそうたいせいりろん》、一般相対性理論《いっぱんそうたいせいりろん》の提唱《ていしょう》により物理学《ぶつりがく》に革命《かくめい》を起《お》こした。ノーベル物理学賞《ぶつりがくしょう》を受賞《じゅしょう》。

わたしには、特別《とくべつ》な才能《さいのう》はありません。ただ、情熱的《じょうねつてき》な好奇心《こうきしん》をもっているだけです。

——アインシュタイン

齋藤先生《さいとうせんせい》の解説《かいせつ》

子《こ》どものころは「どうして？」「ふしぎだな」と思《おも》うことがたくさんある。でも、しずかちゃんがいうように、**大人《おとな》になって世界《せかい》を知《し》るようになると好奇心《こうきしん》が弱《よわ》まってくるんだ。**好奇心《こうきしん》をもち続《つづ》けるのは大事《だいじ》なこと。アインシュタインは、**才能《さいのう》があった以上《いじょう》に、ものすごく好奇心《こうきしん》が強《つよ》くて、どうしてこうなるのか知《し》りたい、と熱狂的《ねっきょうてき》に考《かんが》え続《つづ》けたところ相対性理論《そうたいせいりろん》という世紀《せいき》の発見《はっけん》をしたんだ。**

また、相対性理論《そうたいせいりろん》から「重力波《じゅうりょくは》」という時空《じくう》のゆがみを予測《よそく》して、それが実際《じっさい》に予測《よそく》から１００年後《ねんご》に観測《かんそく》で証明《しょうめい》されたよ。すごすぎるね。**才能《さいのう》よりも好奇心《こうきしん》こそが「発見《はっけん》」の原動力《げんどうりょく》**なんだ。

シーン80 ストレス解消《かいしょう》！

てんとう虫コミックス『ドラえもん』第36巻「サカユメンでいい夢みよう」 p16

イヤなことが続《つづ》くのび太《た》をなぐさめるドラえもん。イヤなことを打《う》ち消《け》す楽《たの》しい夢《ゆめ》が見《み》られる「サカユメン」でのび太《た》を元気《げんき》づけるよ。

兼好法師《けんこうほうし》　1283?～1352?年《ねん》

鎌倉時代《かまくらじだい》の歌人《かじん》、随筆家《ずいひつか》。本名《ほんみょう》は卜部兼好《うらべのかねよし》、吉田兼好《よしだけんこう》ともいう。宮廷《きゅうてい》に仕《つか》える役人《やくにん》になったのちに出家《しゅっけ》。幅広《はばひろ》いテーマで書《か》いた、今《いま》でいうエッセイ『徒然草《つれづれぐさ》』が有名《ゆうめい》。

おぼしき《いいたい》事《こと》言《い》はぬ《いわない》は腹《はら》ふくるる《こころにふまんがたまる》わざ《こと》なれば《なので》

――兼好法師《けんこうほうし》

齋藤先生《さいとうせんせい》の解説《かいせつ》

いいたいことをいわずにいると、不満《ふまん》がお腹《なか》にたまるという意《い》味《み》。だからガスぬきが必要《ひつよう》なんだ。兼好法師《けんこうほうし》の『徒然草《つれづれぐさ》』に書《か》かれていることばだよ。

つらいこと、悲《かな》しいこと、頭《あたま》にくることがあったら、安心《あんしん》していえる人《ひと》がいるといいね。 秘密《ひみつ》が守《まも》れる友《とも》だちは大事《だいじ》な存在《そんざい》だよ。

兼好法師《けんこうほうし》は短《みじか》いことばで深《ふか》いことをいうのが得意《とくい》。『徒然草《つれづれぐさ》』は「つれづれなるままに、日《ひ》くらし硯《すずり》に向《む》かひ《い》て」ではじまるエッセイ。かんたんそうに見《み》えるところこそ失敗《しっぱい》しやすいから気《き》をつけるなど、**さまざまな分野《ぶんや》の達人《たつじん》のことばもたくさん紹介《しょうかい》されているよ**。

シーン81 マイペース

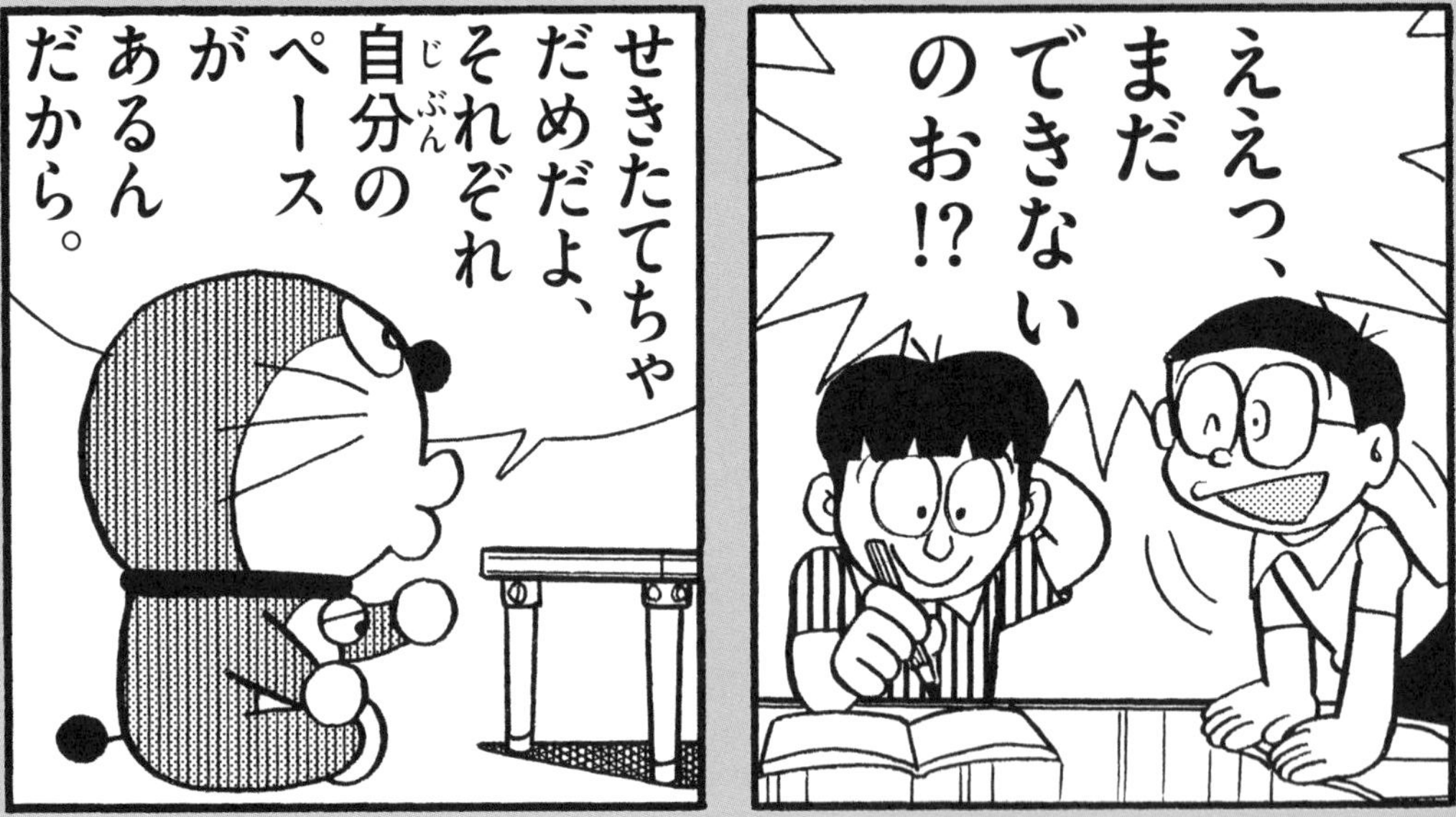
ええっ、まだできないのお!?
せきたてちゃだめだよ、それぞれ自分《じぶん》のペースがあるんだから。

てんとう虫コミックス『ドラえもん』第23巻「ぼくよりダメなやつがきた」 p105

自分《じぶん》より勉強《べんきょう》もスポーツも苦手《にがて》な転校生《てんこうせい》に、意気揚々《いきようよう》と教《おし》えるのび太《た》。ドラえもんは、そんなのび太《た》を見《み》て冷静《れいせい》に注意《ちゅうい》するよ。

夏目漱石《なつめそうせき》 1867～1916年《ねん》

東京《とうきょう》生《う》まれ、小説家《しょうせつか》。帝国大学《ていこくだいがく》（今《いま》の東京大学《とうきょうだいがく》）を卒業《そつぎょう》後《ご》、英語教師《えいごきょうし》になり、その後《ご》イギリスに留学《りゅうがく》。『吾輩《わがはい》は猫《ねこ》である』『坊《ぼ》っちゃん』などを書《か》いて国民的作家《こくみんてきさっか》となる。

牛《うし》になる事《こと》はどうしても必要《ひつよう》です。

——夏目漱石《なつめそうせき》

齋藤先生《さいとうせんせい》の解説《かいせつ》

漱石《そうせき》が弟子《でし》の芥川龍之介《あくたがわりゅうのすけ》と久米正雄《くめまさお》に宛《あ》てて書《か》いた手紙《てがみ》の一節《いっせつ》。漱《そう》石《せき》は、芥川《あくたがわ》はかけ出《だ》しの作家《さっか》で、うまく小説《しょうせつ》が書《か》けずにあせっていた。**火花《ひばな》のような一瞬《いっしゅん》の成功《せいこう》はすぐに忘《わす》れられるけれど、長《なが》い時《じ》間《かん》をかけて成功《せいこう》すると尊敬《そんけい》される、だから牛《うし》のようにゆっくりでい**いといってはげましたんだ。そして、**悩《なや》みながら人間《にんげん》を深《ふか》く理解《りかい》して小説《しょうせつ》を書《か》きなさいという意味《いみ》で、「人間《にんげん》を押《お》すのです」**というよ。

ドラえもんがいうように、それぞれ自分《じぶん》のペースがある。自分《じぶん》の思《おも》いや考《かんが》えを大事《だいじ》にする「自己本位《じこほんい》」を提唱《ていしょう》した漱石《そうせき》は、**牛《うし》のようにおそくても、自分《じぶん》のペースで進《すす》んでいこう**と伝《つた》えたかったんだね。

シーン82 働《はたら》く喜《よろこ》び

はたらくことの
よろこびを
しりなさい。
たとえ、
肩《かた》たたきでも、
たとえ、半年《はんとし》
かかっても、
自分《じぶん》の力《ちから》で
買《か》いなさい！

てんとう虫コミックス『ドラえもん』第4巻「してない貯金を使う法」 p80

パパから、毎日《まいにち》かたたたきをしてお金《かね》をためるようにいわれたのび太《た》。すぐにお金《かね》がほしいのび太《た》は、未来《みらい》の貯金箱《ちょきんばこ》に手《て》をつけてしまう。

石川啄木《いしかわたくぼく》 1886〜1912年《ねん》

岩手県《いわてけん》生《う》まれ、歌人《かじん》。文学《ぶんがく》を志《こころざ》して上京《じょうきょう》し、雑誌《ざっし》に詩《し》や短歌《たんか》を投稿《とうこう》。詩集《ししゅう》『あこがれ』、歌集《かしゅう》『一握《いちあく》の砂《すな》』を発表《はっぴょう》。仕事《しごと》や貧《まず》しい生活《せいかつ》に苦労《くろう》しながら創作《そうさく》にはげんだ。

こころよき疲《つか》れなるかな
息《いき》もつかず
仕事《しごと》をしたる後《のち》のこの疲《つか》れ

——石川啄木《いしかわたくぼく》

齋藤先生《さいとうせんせい》の解説《かいせつ》

短歌《たんか》は5・7・5・7・7と、5句《く》に分《わ》かれているけど、啄木《たくぼく》の短歌《たんか》は3行《ぎょう》分《わ》けになっているのが特徴《とくちょう》。**家族《かぞく》が病気《びょうき》で借金《しゃっきん》があり、貧《まず》しい生活《せいかつ》が続《つづ》いた啄木《たくぼく》の作品《さくひん》は、日々《ひび》の苦《くる》しさをうたったものが多《おお》いんだ。**この短歌《たんか》は、**集中《しゅうちゅう》して仕事《しごと》ができた日《ひ》は心地《ここち》よい疲《つか》れだったなと、晴《は》れ晴《ば》れした気持《きも》ちをうたっているよ。**

のび太《た》のように、毎日《まいにち》コツコツ努力《どりょく》するのは疲《つか》れると思《おも》うかもしれないけれど、充実《じゅうじつ》した仕事《しごと》ができれば心《こころ》の疲《つか》れは感《かん》じにくいよ。啄木《たくぼく》は、**つらいことが多《おお》い中《なか》で得《え》られた貴重《きちょう》な充実感《じゅうじつかん》を歌《うた》にした**んだね。体《からだ》が疲《つか》れても、心《こころ》が満《み》たされるならがんばれるね。

シーン83 心《こころ》の友《とも》!?

てんとう虫コミックス『ドラえもん プラス』第4巻「チューケンパー」 p59

友《とも》だちに相手《あいて》にされないのび太《た》のために、ドラえもんは忠実《ちゅうじつ》なロボット犬《けん》を出《だ》した。でも、いうことを聞《き》きすぎてのび太《た》がピンチに！

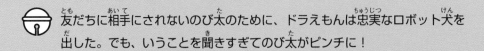

ウォルフガング・アマデウス・モーツァルト 1756〜1791年《ねん》

オーストリア生《う》まれの音楽家《おんがくか》。音楽家《おんがくか》の父《ちち》のもと5歳《さい》で作曲《さっきょく》を始《はじ》め、ヨーロッパ中《じゅう》を旅《たび》して演奏《えんそう》した。18世紀古典派《せいきこてんは》の代表《だいひょう》で「フィガロの結婚《けっこん》」「魔笛《まてき》」などを作曲《さっきょく》。

わが敬愛《けいあい》する高名《こうめい》な友人《ゆうじん》よ、ここに六人《ろくにん》の息子《むすこ》をお渡《わた》しします

——モーツァルト

齋藤先生《さいとうせんせい》の解説《かいせつ》

モーツァルトが24歳年上《さいとしうえ》の音楽家《おんがくか》ハイドンに送《おく》った手紙《てがみ》の一節《いっせつ》。モーツァルトは親友《しんゆう》の証《あかし》として「六人《ろくにん》の息子《むすこ》=自作《じさく》の6曲《きょく》」をプレゼントした。**音楽家《おんがくか》にとって自分《じぶん》の曲《きょく》は、苦《くる》しみながら生《う》み出《だ》す子《こ》どものようなもの。それを人《ひと》に贈《おく》るなんて、なかなかできないよ。**

才能豊《さいのうゆた》かなモーツァルトは、幼《おさな》いころから音楽中心《おんがくちゅうしん》の生活《せいかつ》で心《こころ》を許《ゆる》せる友人《ゆうじん》がいなかった。モーツァルトにとってハイドンは、のび太《た》がほしいといっていたような真《しん》の友人《ゆうじん》だったんだ。

6曲《きょく》は「ハイドン・セット」という弦楽四重奏《げんがくしじゅうそう》の傑作《けっさく》となり、現代《げんだい》でも親《した》しまれている。親愛《しんあい》の情《じょう》が歴史《れきし》に残《のこ》る音楽《おんがく》を生《う》んだんだね。

シーン84 相手《あいて》を信《しん》じる

ドラやきなんかにつられて、のび太《た》くんをうらぎるようなぼくじゃない、
と、どなってやった。
さあすがあ。

てんとう虫コミックス『ドラえもん』第4巻「友情カプセル」 p89

どら焼《や》きでドラえもんを味方《みかた》につけようとしたスネ夫《お》の魂胆《こんたん》は、バレバレ。ドラえもんとのび太《た》の友情《ゆうじょう》は、どら焼《や》きに負《ま》けないよ。

太宰治《だざいおさむ》　1909～1948年《ねん》

青森県生《あおもりけんう》まれ、小説家《しょうせつか》。芥川龍之介《あくたがわりゅうのすけ》に影響《えいきょう》を受《う》けて中学生《ちゅうがくせい》で小説《しょうせつ》を書《か》きはじめる。『斜陽《しゃよう》』を発表《はっぴょう》して人気作家《にんきさっか》になる。代表作《だいひょうさく》に『走《はし》れメロス』『人間失格《にんげんしっかく》』など。

私《わたし》は、信頼《しんらい》に報《むく》いなければならぬ。いまはただその一事《いちじ》だ。走《はし》れ！　メロス。

——太宰治《だざいおさむ》

齋藤先生《さいとうせんせい》の解説《かいせつ》

横暴《おうぼう》な王《おう》に処刑《しょけい》されることになったメロスは、妹《いもうと》の結婚式《けっこんしき》に出席《しゅっせき》するために3日《か》待《ま》ってほしいと頼《たの》む。親友《しんゆう》のセリヌンティウスが人質《ひとじち》となる中《なか》、メロスは町《まち》と故郷《こきょう》の村《むら》を走《はし》って往復《おうふく》する。**途中《とちゅう》で、もう間《ま》に合《あ》わないと倒《たお》れてしまったけれど、冷《つめ》たいわき水《みず》を飲《の》んで復活《ふっかつ》！　セリヌンティウスのために再《ふたた》び走《はし》り出《だ》すときの一節《いっせつ》だよ。**

「走《はし》れ！　メロス」は、自分《じぶん》にいい聞《き》かせたことば。**信《しん》じてくれる親友《しんゆう》のために心《こころ》を奮《ふる》い立《た》たせて走《はし》るんだ。**再会《さいかい》した二人《ふたり》は改《あらた》めて友《ゆう》情《じょう》をちかうよ。王《おう》も友情《ゆうじょう》に心《こころ》を打《う》たれて処刑《しょけい》をやめるんだ。

のび太《た》を思《おも》うドラえもんも、自分《じぶん》の弱《よわ》い心《こころ》に負《ま》けなかったんだね。

シーン85 日記《にっき》を書《か》こう

てんとう虫コミックス『ドラえもん』第36巻「もりあがれ!ドラマチックガス」 p53

「ドラマチックガス」で劇的《げきてき》な日常《にちじょう》を体験《たいけん》したのび太《た》は、日記《にっき》をつけようと一念発起《いちねんほっき》する。でも、ガスのききめはすぐに切《き》れてしまった。

紀貫之《きのつらゆき》 871?〜946年《ねん》

平安時代前期《へいあんじだいぜんき》の歌人《かじん》。和歌《わか》の名人《めいじん》「三十六歌仙《さんじゅうろっかせん》」のひとりであり、『古今和歌集《こきんわかしゅう》』の撰者《せんじゃ》（和歌《わか》を選《えら》んだ人《ひと》）。日本初《にほんはつ》の仮名文字《かなもじ》による日記文学《にっきぶんがく》『土佐日記《とさにっき》』を書《か》いた。

男《おとこ》もすなる日記《にき》といふ《う》ものを、女《おんな》もしてみむ《ん》とするなり。

現代語訳《げんだいごやく》：男《おとこ》も書《か》くと聞《き》いている日記《にっき》というものを、女《おんな》である私《わたし》も試《こころ》みてみようと思《おも》って書《か》くのである。

——紀貫之《きのつらゆき》

齋藤先生《さいとうせんせい》の解説《かいせつ》

平安時代《へいあんじだい》の男性《だんせい》（官僚《かんりょう》）は漢字《かんじ》だけで日記《にっき》を書《か》いていた。仮名文字《かなもじ》は女性《じょせい》が使《つか》う文字《もじ》だったんだ。**紀貫之《きのつらゆき》は、女性《じょせい》のふりをして仮名文字《かなもじ》で日記《にっき》を書《か》くことで「日記文学《にっきぶんがく》」という新《あら》たな文学《ぶんがく》を誕生《たんじょう》させたんだ。**『土佐日記《とさにっき》』は、勤務地《きんむち》の土佐《とさ》（今《いま》の高知県《こうちけん》）から京都《きょうと》に帰《かえ》る55日間《にちかん》の、印象的《いんしょうてき》な出来事《できごと》をつづっているよ。

のび太《た》は感動《かんどう》した出来事《できごと》を日記《にっき》に書《か》くといっているね。紀貫之《きのつらゆき》は、土佐《とさ》で亡《な》くなった娘《むすめ》への思《おも》いや悲《かな》しさなどをつづっているんだ。**楽《たの》しいこともつらいことも、日記《にっき》という形《かたち》で文章《ぶんしょう》にすることで、客観的《きゃっかんてき》にとらえられるようになるよ。**

シーン86 むだづかい

まったく
そのとおり。
昔《むかし》の人《ひと》は
もっと
ものを
たいせつに
したもんだ。
社会《しゃかい》がゆたかに
なるにつれて
むだづかいが
ひどくなる。

てんとう虫コミックス『ドラえもん』第39巻「ざぶとんにもたましいがある」 p128

ものをそまつにする人《ひと》が多《おお》いとなげくのび太《た》。みんながものを大切《たいせつ》にしたくなるように、ドラえもんは「たましいステッキ」を出《だ》すよ。

ワンガリ・マータイ　1940〜2011年《ねん》

ケニアの環境保護活動家《かんきょうほごかつどうか》。植林《しょくりん》（木《き》を植《う》えること）を貧《まず》しい農村《のうそん》の女性《じょせい》に任《まか》せる「グリーンベルト運動《うんどう》」により、女性《じょせい》の職業創出《しょくぎょうそうしゅつ》と社会進出《しゃかいしんしゅつ》を後押《あとお》しした。

MOTTAINAI《もったいない》

——ワンガリ・マータイ

齋藤先生《さいとうせんせい》の解説《かいせつ》

ノーベル平和賞《へいわしょう》を受賞《じゅしょう》したマータイは、2005年《ねん》に来日《らいにち》したときに**「もったいない」という日本語《にほんご》に感動《かんどう》したんだ。環境活動《かんきょうかつどう》の象徴的《しょうちょうてき》なことばであると同時《どうじ》に、限《かぎ》りある地球《ちきゅう》の資源《しげん》への敬意《けいい》がこめられていると感《かん》じ、「MOTTAINAI《もったいない》」を世界《せかい》に広《ひろ》めたんだよ。**

ドラえもんがいうように、社会《しゃかい》が豊《ゆた》かになるにつれて大量生産《たいりょうせいさん》・大量消費《たいりょうしょうひ》が進《すす》んでしまった。今《いま》や地球環境《ちきゅうかんきょう》は世界的《せかいてき》な問題《もんだい》。買《か》いものに行《い》くときにマイバッグを使《つか》うのは、レジ袋《ぶくろ》のプラスチックごみを減《へ》らすためだよね。もったいないからまだ使《つか》おうと、**ものを長《なが》く使《つか》い続《つづ》けることも、ごみを出《だ》さないために必要《ひつよう》なことなんだよ。**

シーン87 虫《むし》の居場所《いばしょ》

とってかえるの、よそうか。
ぼくも、そう思《おも》ったところだよ。
すみにくい世界《せかい》へつれていっちゃかわいそうだ。

てんとう虫コミックス『ドラえもん』第4巻「月の光と虫の声」 p67

タイムマシンで昔《むかし》にもどり、秋《あき》の虫《むし》をとってこようとしたのび太《た》とドラえもん。でも、虫《むし》たちの身《み》になって考《かんが》えて、やめたんだ。

松尾芭蕉《まつおばしょう》 1644～1694年《ねん》

今《いま》の三重県《みえけん》生《う》まれ、江戸時代《えどじだい》の俳人《はいじん》。俳句《はいく》をつくりながら江戸《えど》（東京《とうきょう》）から東北《とうほく》、日本海沿岸《にほんかいえんがん》を旅《たび》した紀行文《きこうぶん》『おくのほそ道《みち》』が有名《ゆうめい》。「蕉風《しょうふう》」という作風《さくふう》を確立《かくりつ》した。

松《まつ》の事《こと》は松《まつ》に習《なら》へ、竹《たけ》の事《こと》は竹《たけ》に習《なら》へ

——松尾芭蕉《まつおばしょう》

齋藤先生《さいとうせんせい》の解説《かいせつ》

松尾芭蕉《まつおばしょう》の弟子《でし》の服部土芳《はっとりどほう》が、『三冊子《さんぞうし》』の中《なか》で芭蕉《ばしょう》の教《おし》えとして記《しる》したことば。**俳句《はいく》をよむときには、よむ対象《たいしょう》を自分勝手《じぶんかって》に解釈《かいしゃく》するのではなく、対象《たいしょう》と向《む》き合《あ》ったときにわきあがる感動《かんどう》を句《く》にしなさいという意味《いみ》だよ。**自然《しぜん》というのは奥深《おくぶか》いもので、学《まな》ぶことが多《おお》いから、松《まつ》のことは松《まつ》に習《なら》いなさいといっているんだね。

芭蕉《ばしょう》の代表作《だいひょうさく》は「閑《しず》さや岩《いわ》にしみ入《い》る蝉《せみ》の声《こえ》」「夏草《なつくさ》や兵共《つわものども》がゆめの跡《あと》」など、**目《め》に見《み》えるものの本質《ほんしつ》を感《かん》じとって17文字《もじ》で表現《ひょうげん》したんだ。**自然《しぜん》には自然《しぜん》の流儀《りゅうぎ》がある。のび太《た》たちがいうように、むやみに人間世界《にんげんせかい》に取《と》りこむのは考《かんが》えものだね。

シーン88 満天《まんてん》の星《ほし》？

てんとう虫コミックス『ドラえもん』第38巻「夜空がギンギラギン」 p6

山《やま》で見《み》た満天《まんてん》の星《ほし》に比《くら》べて、街《まち》では星《ほし》が少《すく》ないというジャイアン。のび太《た》とドラえもんは、空《あ》き地《ち》に星空《ほしぞら》をつくろうと計画《けいかく》するよ。

谷崎潤一郎《たにざきじゅんいちろう》 1886〜1965年《ねん》

東京《とうきょう》生《う》まれ、小説家《しょうせつか》。永井荷風《ながいかふう》に評価《ひょうか》されてデビューし、美《び》を追求《ついきゅう》する「耽美主義《たんびしゅぎ》」をかかげる。小説《しょうせつ》『細雪《ささめゆき》』、随筆《ずいひつ》『陰翳礼讃《いんえいらいさん》』、『源氏物語《げんじものがたり》』現代語訳《げんだいごやく》など。

現代《げんだい》の人《ひと》は久《ひさ》しく電灯《でんとう》の明《あ》かりに馴《な》れて、こういう闇《やみ》のあったことを忘《わす》れているのである。

——谷崎潤一郎《たにざきじゅんいちろう》

斎藤先生《さいとうせんせい》の解説《かいせつ》

日本《にほん》の美《び》、日本人《にほんじん》の美意識《びいしき》について書《か》かれた『陰翳礼讃《いんえいらいさん》』の中《なか》の一節《いっせつ》。**日本《にほん》の文化《ぶんか》は光《ひかり》よりも影《かげ》を大切《たいせつ》にしてきた歴史《れきし》があり、すみずみまで明《あか》るく見《み》えるよりも、闇《やみ》がある方《ほう》が味《あじ》わい深《ぶか》い**といっているんだ。黒《くろ》や茶《ちゃ》などこい色《いろ》のうるしぬりのお椀《わん》も、うす暗《ぐら》い家《いえ》に合《あ》うのだというよ。電灯《でんとう》のない時代《じだい》はろうそくの明《あ》かりで生活《せいかつ》していたし、**そのぼんやりとした明《あか》るさこそが美《うつく》しいという考《かんが》え**なんだね。

星《ほし》は、暗《くら》い夜空《よぞら》でこそ明《あか》るく光《ひか》る。都会《とかい》の明《あか》るさの中《なか》では、ジャイアンがいう通《とお》り星《ほし》の光《ひかり》はかすんでしまうね。山《やま》に行《い》くと、一晩《ひとばん》でいくつもの流《なが》れ星《ぼし》が見《み》られることもあって、感動《かんどう》するよ！

シーン89　うらないはうらない

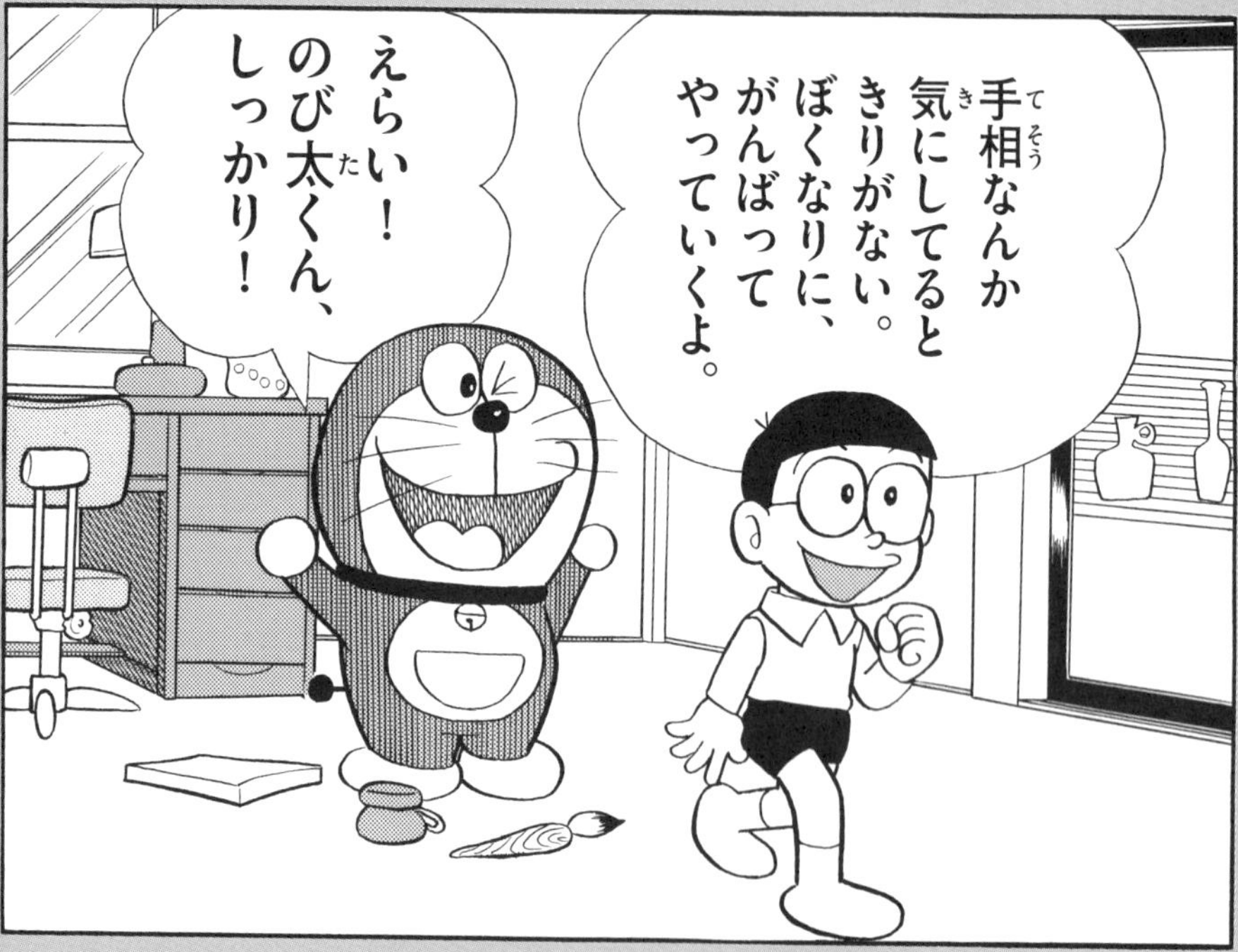

てんとう虫コミックス『ドラえもん』第2巻「かならず当たる手相セット」　p107

自分《じぶん》で手相《てそう》をかいて、大金持《おおがねも》ちになろうとしたけれど、大失敗《だいしっぱい》をしてしまうのび太《た》。もう、手相《てそう》はコリゴリ！　自分《じぶん》の力《ちから》でがんばるよ。

福沢諭吉《ふくざわゆきち》 1834～1901年《ねん》

今《いま》の大阪《おおさか》で生《う》まれた。教育者《きょういくしゃ》。江戸《えど》（東京《とうきょう》）で英語《えいご》を学《まな》び、勝海舟《かつかいしゅう》らとアメリカへ。
帰国後《きこくご》に慶応義塾《けいおうぎじゅく》を立《た》ち上《あ》げ、『学問《がくもん》のすすめ』がベストセラーに。

私《わたし》は、うらないやまじないなど一切《いっさい》のたぐいを信《しん》じない。きつねやたぬきがとり憑《つ》くということも、ばかにしてまったく信《しん》じない子《こ》どもで、精神《せいしん》はカラリとしていました。

——福沢諭吉《ふくざわゆきち》

※現代語訳《げんだいごやく》

齋藤先生《さいとうせんせい》の解説《かいせつ》

『福翁自伝《ふくおうじでん》』という諭吉《ゆきち》の自伝《じでん》のことば。諭吉《ゆきち》は現代《げんだい》につながる西《せい》洋《よう》の考《かんが》え方《かた》を日本《にほん》に伝《つた》えた人《ひと》。また『学問《がくもん》のすすめ』に「天《てん》は人《ひと》の上《うえ》に人《ひと》を造《つく》らず、人《ひと》の下《した》に人《ひと》を造《つく》らずといへ《え》り」と書《か》き、すべての人《ひと》が学《まな》ぶことの必要性《ひつようせい》を説《と》いたよ。諭吉《ゆきち》は、**うらないを楽《たの》しむのはいいけれど、それにとらわれると自分《じぶん》の考《かんが》えがせまくなり、ふり回《まわ》されるからよくないと考《かんが》えていたんだ。**子《こ》どものころから合理的《ごうりてき》で「カラリ」とした、さっぱりした気性《きしょう》の人《ひと》だったんだね。

のび太《た》がいうように、うらないにたよりすぎず自分《じぶん》の力《ちから》でがんばることも必要《ひつよう》。どんなことも、決《き》めるのは自分自身《じぶんじしん》だよ。

シーン90 気持《きも》ちはひとつ⁉

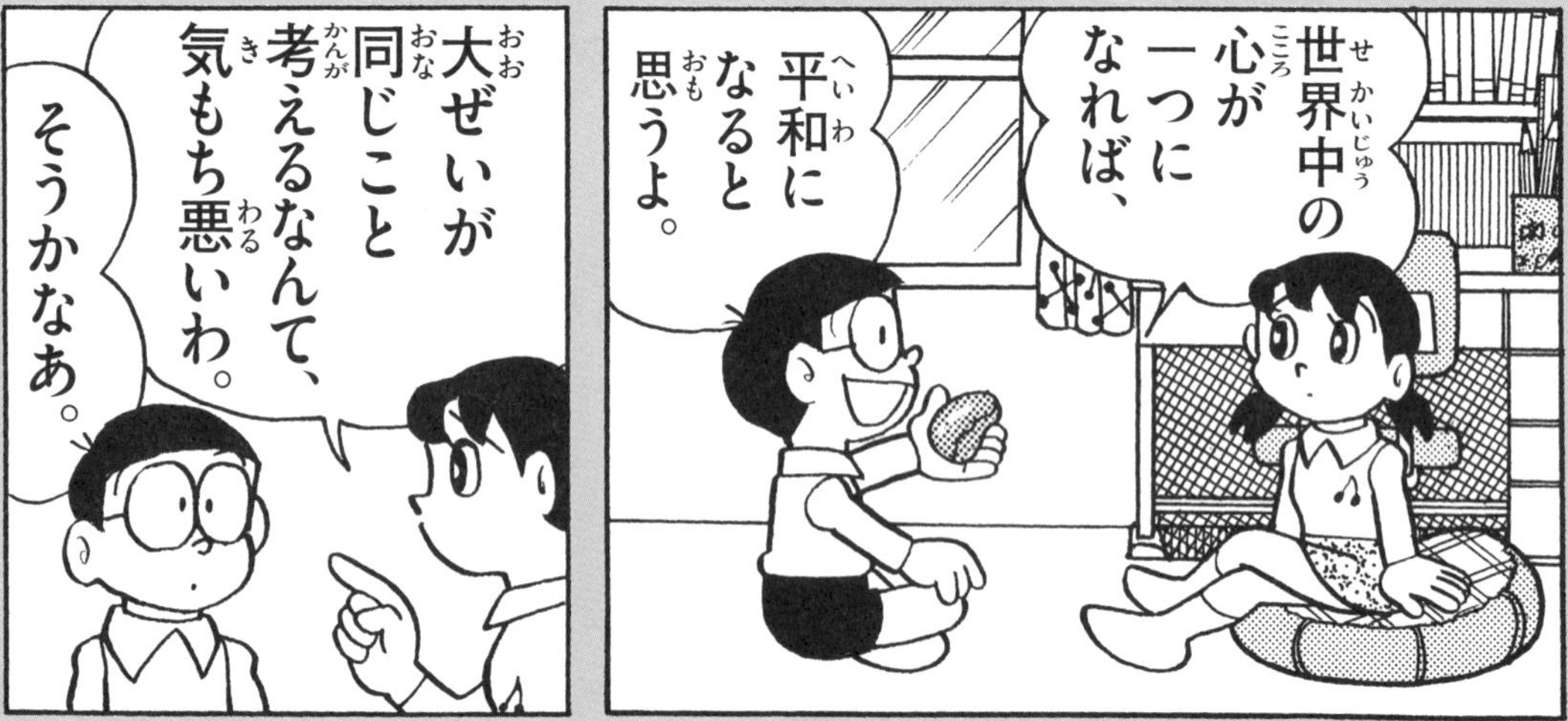

てんとう虫コミックス『ドラえもん プラス』第1巻「ココロチョコ」 p56

みんなでジャイアンに対抗《たいこう》しようと決《き》めたのに、うらぎられたのび太《た》。「ココロチョコ」で気持《きも》ちを合《あ》わせようとしたものの……。

ジョン・スチュアート・ミル　1806〜1873年《ねん》

イギリス生《う》まれの哲学者《てつがくしゃ》、経済学者《けいざいがくしゃ》。幼少期《ようしょうき》から語学《ごがく》、数学《すうがく》、経済学《けいざいがく》を学《まな》び、幸福《こうふく》を最大化《さいだいか》する「功利主義《こうりしゅぎ》」の影響《えいきょう》を受《う》ける。著書《ちょしょ》に『自由論《じゆうろん》』など。

一人《ひとり》以外《いがい》の全員《ぜんいん》が同《おな》じ意見《いけん》で、その一人《ひとり》だけが反対《はんたい》の意見《いけん》だったとしても、その一人《ひとり》を他《ほか》の全員《ぜんいん》で沈黙《ちんもく》させるのは不当《ふとう》なことである。

—— ジョン・スチュアート・ミル

齋藤先生《さいとうせんせい》の解説《かいせつ》

ミルの代表作《だいひょうさく》『自由論《じゆうろん》』の中《なか》の一節《いっせつ》。**だれかに害《がい》を与《あた》えない限《かぎ》り、人《ひと》は自由《じゆう》に自分《じぶん》らしさを発揮《はっき》していいし、何《なに》かを制限《せいげん》される必要《ひつよう》はない。だから、たとえたったひとりの意見《いけん》だとしても、それを権力《けんりょく》によっておさえつけてはいけない**というのがミルの考《かんが》えだよ。

共感《きょうかん》したり協力《きょうりょく》したりするのは大事《だいじ》だけど、しずかちゃんがいうように、みんなの考《かんが》えを完全《かんぜん》にひとつにまとめあげるのは、こわいことでもあるんだ。だれかに利用《りよう》されやすくなってしまうからね。

それぞれの考《かんが》えをいい合《あ》える言論《げんろん》の自由《じゆう》、したいことができる行動《こうどう》の自由《じゆう》を確保《かくほ》したうえで、話《はな》し合《あ》って協力《きょうりょく》できることが大事《だいじ》だね。

日《にち》常《じょう》名《めい》場《ば》面《めん》

❶ 第5巻「ドラえもんだらけ」p74
❷ 第0巻「ハイキングに出かけよう」p85
❸ 第5巻「のろのろ、じたばた」p10
❹ 第24巻「虹谷ユメ子さん」p19
❺ 第6巻「さようなら、ドラえもん」p170
❻ 第6巻「夜の世界の王さまだ!」p17

（すべててんとう虫コミックス『ドラえもん』）

帰《かえ》ってきたドラえもん

おうい、のび太《た》。
お友《とも》だちがよんでるわよ。
今《いま》いそがしい。
どうしたのよ、いったい。
毎日《まいにち》ぼやあっとしちゃって……。
ドラちゃんと約束《やくそく》したんでしょ。
ひとりで、ちゃんとやってみせるって。

元気《げんき》だしなさい。
コツン
ぼくはだめだなあ。いつまでも思《おも》いきりが悪《わる》くて。
しっかりしなくちゃ。
くよくよしたって、ドラえもんが帰《かえ》ってくるわけじゃなし。
ようし！これから気《き》をとりなおして明《あか》るくくらそう。
おっ、きたな。
ツチノコをみつけたんだ。
ツチノコ!?
あのまぼろしのヘビ。大発見《だいはっけん》じゃないか。
そうなんだ。
つかまえるの手《て》つだってくれ。
よ、よしっ、いいとも。

この土管《どかん》へおいこんだの。
そっちからつついてくれないか。ぼく、こっちでつかまえる。
よ、ようし。
ガラガラ
ウー
ワワ
ワン
ひどいいたずらするなあ。
おっ、のび太《た》。ここにいたか。
お、お、おまえ……、お、お、おちついて聞《き》けよ。
い、いまそこで、
だ、だれにあったと思《おも》う。
ド、ラ、え、も、ん。

ドラえもん!?
ドラえもくん。
ドラえもん。
ドラえもん。
ママあ、どこにいるのドラえもんは。
ドラちゃん？知《し》りませんよ。
くるわけがないでしょ。もう二度《にど》とこられない、といって帰《かえ》ったのに。
きたんだよ。
おかしいな。どうしてぼくに顔《かお》を見《み》せないんだろ。

わかった!
てれくさいんだよ、きっと。
あんなになみだ流《なが》して、わかれたもんだから。
ばかだなあ、気《き》にしなくていいのに。
ソワソワ
はやくあいたいなあ。
そうだそうだ。
ちょ金《きん》を全部《ぜんぶ》おろして……、
あいつの大《だい》すきなドラやきを、
どっさり買《か》ってきておこう。
どうだ、やっぱりおれのうそのほうがあざやかだったぞ。
まけたあ。
四月《しがつ》バカ!?
ころっとひっかかるもん。
やっぱりのび太《た》が、いちばんだましやすいよな。

なんだなんだ。四月《がつ》バカにだまされて、おこるやつがあるか。
くやしかったらおまえもうそをつけよ。
ドーン
うしろにおばけがいるぞっ。
聞《き》いたかや、あのようちなうそ。
まあまあこのていどのものでしょ、のび太《た》のうそなら。
う、う、………。
ドラえもん…。
思《おも》いだした!!

ぼくが行《い》ったあとで……、
がまんできないことがあったら、これをひらけ。
そのとき、きみに必要《ひつよう》なものが、でてくる。
飲《の》みぐすりらしい。
「ウソ800《エイトオーオー》」だって。
「これを飲《の》んでしゃべると、しゃべったことが、みんなうそになる」
四月《がつ》バカにぴったりだ！
ようし！
ゴクゴク
ニヤリ

あいつらゆるせない。
ドラえもんが帰《かえ》ったなんて。
ぼくにとっては、いちばんざんこくなうそだ。
ゆるせない!!
なんだ、ばかにはりきってきたぞ。
また何《なに》かくだらないうそ、考《かんが》えたな。
どんなうそ、考《かんが》えた?
さあ、いってごらん。
?
きょうは、いい天気《てんき》だ。
それがうそ?
ザァ

はげしい雨《あめ》が、ふってきた。
カラリ
なにをしやがる。
ハクショ
ハクショ
おこるなよ。四月《がつ》バカだからうそついたんだ。
だから、ぼくがいい天気《てんき》といえば雨《あめ》がふる。雨《あめ》といえば晴《は》れる。
きみのわるいやつ……。
さてこんどはどんなうそをつこうかな。
きみは犬《いぬ》にかまれない。
ガウ
ガウ
ガウ
きみはね……、ママにほめられるね、いやというほど。
ここにいたな。

やめろよかあちゃん。ぼう力《りょく》反対《はんたい》!いでで…。
ははは……。
はは……。
ドラちゃんいた?
ドラえもんがいるわけないでしょ。
ドラえもんは帰《かえ》ってこないんだから。
もう、二度《にど》とあえないんだから。

てんとう虫コミックス『ドラえもん』第7巻「帰ってきたドラえもん」

おしまい!

心《こころ》が動《うご》いた偉人《いじん》のことばは
どれだった?

おわりに

この本《ほん》を最後《さいご》まで読《よ》んでみて、キミが楽《たの》しくなることば、勇気《ゆうき》がわいてくることばは見《み》つかったかな？

ことばというのは、人《ひと》の心《こころ》のありかたを形《かたち》にしたもの。

余分《よぶん》なものをけずりとって、心《こころ》の奥《おく》にある一番大切《いちばんたいせつ》なものをほりだした彫刻作品《ちょうこくさくひん》みたいなものです。

たとえば、この本《ほん》に出《で》てきたソクラテスは昔々《むかしむかし》の遠《とお》い国《くに》の人《ひと》。顔《かお》も見《み》たことがないし、声《こえ》も聴《き》いたことがありません。でも、

「不正《ふせい》は決《けっ》して行《おこな》ってはいけない。

不正《ふせい》をされたからといって、不正《ふせい》をやり返《かえ》してはならない」

ということばを知《し》ると、ソクラテスがどんな人《ひと》なのか想像《そうぞう》できますね。

その人《ひと》のことばを知《し》ることによって、時《とき》を超《こ》えてその人《ひと》の精神《せいしん》にふれ、生《い》きるエネルギーをもらえます。

つまり、ことばは精神《せいしん》の文化遺産《ぶんかいさん》であり、先人《せんじん》からのプレゼントなんです。

そして、『ドラえもん』のまんがは、藤子《ふじこ》・F《エフ》・不二雄先生《ふじおせんせい》からキミたちへのプレゼント。

藤子先生《ふじこせんせい》は、こんなことばを残《のこ》しています。

「僕《ぼく》は、すべてにおいて『好《す》き』であることを優先《ゆうせん》させてきました」

長《なが》い間《あいだ》親《した》しまれていて、世界中《せかいじゅう》にファンがたくさんいる『ドラえもん』のまんがを描《か》く原動力《げんどうりょく》は、「好《す》き」という気持《きも》ちだったんですね。

のび太《た》は、好《す》きなことに対《たい》してがんばれます。好《す》きなドラえもんのために、ジャイアンにも立《た》ち向《む》かって行《い》きました。

ドラえもんは、好《す》きなのび太《た》のためにいろんな道具《どうぐ》を出《だ》して助《たす》けてくれます。何《なに》をおいてもかけつけてくれる存在《そんざい》です。

キミも、「好《す》き」なことならきっとがんばれます。

がんばる中《なか》で、もし苦《くる》しいことやつらいことがあったら、この本《ほん》のドラえもんたちや偉人《いじん》のことばを思《おも》い出《だ》して、何度《なんど》でも立《た》ち上《あ》がってください。

そんなキミを、心《こころ》から応援《おうえん》しています。

齋藤《さいとう》 孝《たかし》

出典《しゅってん》・参考資料《さんこうしりょう》

幸せのことば

p27 **小林一茶** 『三省堂例解小学短歌・俳句辞典』三省堂編修所 編（三省堂）

p29 **アラン** 『アラン 幸福論』神谷幹夫 訳（岩波書店）

p31 **アンネ・フランク** 『アンネの日記』アンネ・フランク 著、深町眞理子 訳（文藝春秋）

p33 **西郷隆盛** 『南洲翁遺訓 一巻』（明徳堂） ※原文：天は人も我も同一に愛し給うゆえ、我を愛する心を以て人を愛する也。

p35 **老子** 『デジタル大辞泉』（小学館）

p37 **オードリー・ヘップバーン** 『オードリー・ヘップバーンの言葉』山口路子 著（大和書房）

p39 **マザー・テレサ** 『マザー・テレサ語る』ルシンダ・ヴァーディ 編、猪熊弘子 訳（早川書房）

p41 **金子みすゞ** 『金子みすゞ童謡集 わたしと小鳥とすずと』（JULA出版局）

p43 **サン＝テグジュペリ** 『星の王子さま』サン＝テグジュペリ 著、管啓次郎 訳（角川書店）

p45 **中原中也** 『永遠の詩④ 中原中也』中原中也 著（小学館）

p47 **オスカー・ワイルド** 『The Critic As Artist』オスカー・ワイルド 著（Oscar Wilde onlineホームページ）★編集部訳

勇気のことば

p51 **ユリウス・カエサル** 『デジタル大辞泉』（小学館）

p53 **ヘレン・ケラー** 『Let Us Have Faith』ヘレン・ケラー 著（Doubleday, Doran & Co.,Inc.）★編集部訳

p55 **茨木のり子** 『茨木のり子の家』茨木のり子 著（平凡社）

p57 **オーデン** 『オーデン詩集』深瀬基寛 訳（筑摩書房）

p59 **マララ・ユスフザイ** 国際連合広報センターホームページ（https://www.unic.or.jp/news_press/features_backgrounders/4790/） 国連広報センター 訳

p61 **宮沢賢治** 『童話集 銀河鉄道の夜 他十四篇』宮沢賢治 著、谷川徹三 編（岩波書店）

p63 **緒方貞子** 『共に生きるということ』緒方貞子 著（PHP研究所）

p65 **ルース・ベイダー・ギンズバーグ** 『ルース・B・ギンズバーグ名言集』岡本早織 訳（創元社）

p67 **アルキメデス** 『デジタル大辞泉』（小学館）

p69 **フランシス・ベーコン** 『デジタル大辞泉』（小学館）

p71 **高浜虚子** 『三省堂例解小学短歌・俳句辞典』三省堂編修所 編（三省堂）

p73 **アドラー** 『アルフレッド・アドラー 人生に革命が起きる100の言葉』小倉広 解説（ダイヤモンド社）

p75 **クラーク博士** 『デジタル大辞泉』（小学館）

p77 **ニーチェ** 『ツァラトゥストラ』ニーチェ 著、手塚富雄 訳（中央公論新社）

p79 **ヘミングウェイ** 『老人と海』ヘミングウェイ 著、高見 浩 訳（新潮社）

p81 **嘉納治五郎** 講道館ホームページ

p83 **湯川秀樹** 『湯川秀樹著作集6』湯川秀樹 著（岩波書店）

p85 **スティーブ・ジョブズ** スタンフォード大学ホームページ（卒業式でのスピーチ）★編集部訳

p87 **ネルソン・マンデラ** 『ネルソン・マンデラ 未来を変える言葉』ネルソン・マンデラ 著、長田雅子 訳（明石書店）Copyright Nelson R. Mandela and The Nelson Mandela Foundation

p89 **本田宗一郎** ホンダ社報 62-1.No.75

p91 **二宮尊徳** 『二宮翁夜話』立仙淳三 著（福村書店）

p93 **高村光太郎** 『日本の詩 第5巻 高村光太郎集』高村光太郎 著、伊藤信吉 編（集英社）

p95 **松下幸之助** 『若さに贈る』松下幸之助 著（PHP研究所）

p97 **ヘルマン・ヘッセ** 『Demian』ヘルマン・ヘッセ 著（S. Fischer, Verlag. Berlin）★編集部訳

p99 **ナイチンゲール** 『Florence Nightingale: The Nightingale School. Collected Works of Florence Nightingale. Volume 12』Lynn McDonald 編（Wilfrid Laurier University Press）★編集部訳

p101 **源義経** 『新編 日本古典文学全集 46 平家物語②』（小学館） ※原文：鹿のかよはう所を馬のかよはぬやうやある。

p103 **宮本武蔵** 『五輪書』宮本武蔵 著、高柳光壽 校訂（岩波書店）

p105 **レオナルド・ダ・ヴィンチ** 『レオナルド・ダ・ヴィンチの手記（上）』杉浦明平 訳（岩波書店）

p107 **ベートーベン** ベートーベンからエルデーディ伯爵夫人への手紙 1815年9月19日（Beethoven-Haus Bonnデジタルアーカイブ）★編集部訳

p109 **ガンジー** 『The Mind of Mahatma Gandhi』R. K. Prabhu & U. R. Rao 編（Jitendra T Desai Navajivan Mudranalaya）★編集部訳

p111 **平塚らいてう** 『平塚らいてう評論集』小林登美枝・米田佐代子 編（岩波書店）

p113 **カフカ** 『Franz Kafka: Gesammelte Werke, Briefe 1902-1924』Max Brod編（Schocken Books）Oskar Pollak宛 1904/1/27付書簡★編集部訳

p115 **キング牧師** 『Strength to Love』（Harper & Row.

Publishers)マーティン・ルーサー・キング・ジュニア 著★編集部訳

p117 **有島武郎** 『少年少女日本文学選集⑭ 有島武郎名作集』瀬沼茂樹 編(あかね書房)

人生のことば

p131 **井伏鱒二** 『井伏鱒二自選全集 第九巻』(新潮社)

p133 **エーリヒ・ケストナー** 『飛ぶ教室』エーリヒ・ケストナー 著、池田香代子 訳(岩波書店)

p135 **ヘラクレイトス** 『デジタル大辞泉』(小学館)

p137 **新渡戸稲造** 『対訳 武士道』新渡戸稲造 著、山本史郎 訳(朝日新聞出版)

p139 **尾崎放哉** 『三省堂例解小学短歌・俳句辞典』三省堂編修所 編(三省堂)

p141 **種田山頭火** 『三省堂例解小学短歌・俳句辞典』三省堂編修所 編(三省堂)

p143 **アリストテレス** 『Politics : A Treatise on Government』アリストテレス 著★編集部訳

p145 **パスカル** 『Pensées de M. Pascal sur la Religion, Et sur Quelques Autres Sujets』パスカル 著★齋藤孝訳

p147 **佐藤一斎** 『最強の人生指南書 佐藤一斎「言志四録」を読む』齋藤孝 著(祥伝社)

p149 **孔子** 『論語』齋藤孝 訳(筑摩書房)

p151 **徳川家康** 『徳川家康遺訓集・家康の履歴書』(作品社)

p153 **孫子** 『新訂 孫子』金谷治 訳注(岩波書店) ※原文:兵は拙速なるを聞くも、未だ巧久なるを睹ざるなり。★齋藤孝訳

p155 **坂本龍馬** 『日本名言名句の辞典』尚学図書 編(小学館)

p157 **レイチェル・カーソン** 『The Sense of Wonder』レイチェル・カーソン 著(HarperCollins Publishers)★編集部訳

p159 **ダーウィン** 『種の起原 上』ダーウィン 著、八杉龍一 訳(岩波書店)

p161 **新美南吉** 『ごんぎつね でんでんむしのかなしみ 新美南吉傑作選』(新潮社)

p163 **世阿弥** 『新編 日本古典文学全集 88 連歌論集 能楽論集 俳論集』(小学館)

p165 **聖徳太子** 『新編 日本古典文学全集 3 日本書紀②』(小学館)

p167 **渋沢栄一** 『論語と算盤』渋沢栄一 著(忠誠堂)

p169 **安藤百福** 『インスタントラーメン発明王 安藤百福かく語りき』安藤百福 著(中央公論新社)

p171 **高杉晋作** 『世界大百科事典』(平凡社)

p173 **アンドレ・ジッド** 『一粒の麦もし死なずば 下巻』アンドレ・ジッド 著、堀口大學 訳(小学館)

p175 **陶淵明** 『東洋文庫 529 陶淵明詩解』(平凡社)

p177 **シュリーマン** 『古代への情熱』シュリーマン 著、関楠生 訳(新潮社)

p179 **芥川龍之介** 『羅生門 杜子春』芥川龍之介 著(岩波書店)

p181 **千利休** 『利休百首ハンドブック』淡交社編集局 編(淡交社)

p183 **小津安二郎** 『キネマ旬報』1958年8月下旬号「鼎談 酒は古いほど味がよい」(キネマ旬報社)

p185 **植村直己** 『植村直己語録 植村直己さんがイノチかけてつかんだコトバ 改訂版』(豊岡市立植村直己冒険館)

p187 **ソクラテス** 『Crito』第10章 プラトン 著★編集部訳

p189 **デカルト** 『方法序説』デカルト 著、谷川多佳子 訳(岩波書店)

p191 **ルソー** 『日本大百科全書』(小学館)

日常のことば

p195 **ガブリエル・シャネル** CHANELホームページ

p197 **ガリレオ・ガリレイ** 『Dialogo di Galileo Galilei Linceo, matematico sopraordinario dello stvdio di Pisa, e filosofo, e matematico primario del serenissimo gr. dvca di Toscana : doue ne i congressi di quattro giornate si discorre sopra i due massimi sistemi del mondo Tolemaico, e Copernicano : proponendo indeterminatamente le ragioni filosofiche, e naturali tanto per l'vna, quanto per l'altra parte』ガリレオ・ガリレイ 著(Per Gio. Batista Landini)

p199 **アインシュタイン** アルベルト・アインシュタインからカール・ゼーリッヒへの手紙 1952年3月11日(チューリッヒ工科大学)★編集部訳

p201 **兼好法師** 『新編 日本古典文学全集 44 方丈記 徒然草 正法眼蔵随聞記 歎異抄』(小学館)

p203 **夏目漱石** 『漱石全集 第十七巻』(漱石全集刊行会)

p205 **石川啄木** 『日本の文学 15 石川啄木 正岡子規 高浜虚子』(中央公論社)

p207 **モーツァルト** 『モーツァルトの手紙』吉田秀和 編訳(講談社)

p209 **太宰治** 『齋藤孝の音読破2 走れメロス』齋藤孝 校註・訳(小学館)

p211 **紀貫之** 『新編 日本古典文学全集 13 土佐日記 蜻蛉日記』(小学館)

p213 **ワンガリ・マータイ** 『日本大百科全書』(小学館)

p215 **松尾芭蕉** 『新編 日本古典文学全集 88 連歌論集 能楽論集 俳論集』(小学館)

p217 **谷崎潤一郎** 『教科書で読む名作 陰翳礼讃・刺青ほか』谷崎潤一郎 著(筑摩書房)

p219 **福沢諭吉** 『福翁自伝』福沢諭吉 著(時事新報社) ※原文:卜筮呪詛一切不信仰で狐狸が付くと云ふやうなことは初めから馬鹿にして少しも信じない子供ながらも精神は誠にカラリとしたものでした

p221 **ジョン・スチュアート・ミル** 『自由論』J・S・ミル 著、関口正司 訳(岩波書店)

原作
藤子・F・不二雄　ふじこ・えふ・ふじお
まんが家。本名、藤本弘(ふじもと・ひろし)。1933年12月1日、富山県高岡市生まれ。1951年『天使の玉ちゃん』でまんが家デビュー。藤子・F・不二雄として『ドラえもん』を中心に執筆活動を続け、児童漫画の新時代を築く。主な代表作は、『ドラえもん』『オバケのQ太郎(共著)』『パーマン』『キテレツ大百科』『エスパー魔美』『SF短編』シリーズなど、数多くの傑作を発表した。2011年9月「川崎市 藤子・F・不二雄ミュージアム」開館。執筆した原画を展示する、藤子・F・不二雄を顕彰する美術館。

著
齋藤 孝　さいとう・たかし
1960年、静岡県生まれ。東京大学法学部卒業後、同大学大学院教育学研究科博士課程を経て、明治大学文学部教授。専門は教育学、身体論、コミュニケーション論。『身体感覚を取り戻す』(NHK出版)で新潮学芸賞受賞。『声に出して読みたい日本語』(草思社)がシリーズ260万部のベストセラーとなり、日本語ブームを起こす。「小学生なら知っておきたい教養366」シリーズ(小学館)、『12歳までに知っておきたい語彙力図鑑』(日本能率協会マネジメントセンター)など著書多数。NHK Eテレ『にほんごであそぼ』総合指導。

協力	藤子プロ
構成	佐藤恵
偉人イラスト	AZ
齋藤孝イラスト	徳永明子
ブックデザイン	bookwall
DTP	昭和ブライト
校閲	小学館出版クオリティーセンター、小学館クリエイティブ、玄冬書林
編集協力	西之園あゆみ、目黒広志
編集	酒井綾子

キミの心と頭を強くする!
ドラえもんに学ぶ偉人のことば

2024年11月25日　初版第1刷発行
2025年7月22日　第4刷発行

発行人　北川吉隆
発行所　株式会社小学館
〒101−8001 東京都千代田区一ツ橋2−3−1
編集　03−3230−5623
販売　03−5281−3555
印刷所　TOPPANクロレ株式会社
製本所　株式会社若林製本工場

ISBN978-4-09-227421-1　Printed in Japan

●本書には、現在では不適切とされる表現も含まれている場合がありますが、作品の発表当時、
まんが著者に差別を容認・助長する意図がなかったことから、修正は最小限にとどめています。